世界一高い滝! エンジェル・フォール

海に浮かぶ神社!? 厳島神社

DVDの名場面

動く図鑑MOVEには、NHKエンタープライズが制作したDVDがついています。姫路城や金色堂などの日本の文化遺産から、イースター島のモアイなど海外の文化遺産、エンジェル・フォールなどの自然遺産まで、さまざまな世界遺産をおもしろく紹介します！

古代のロマン! ストーンヘンジ

純白の美しさ! 姫路城

骸骨でかざられたマリア大聖堂!

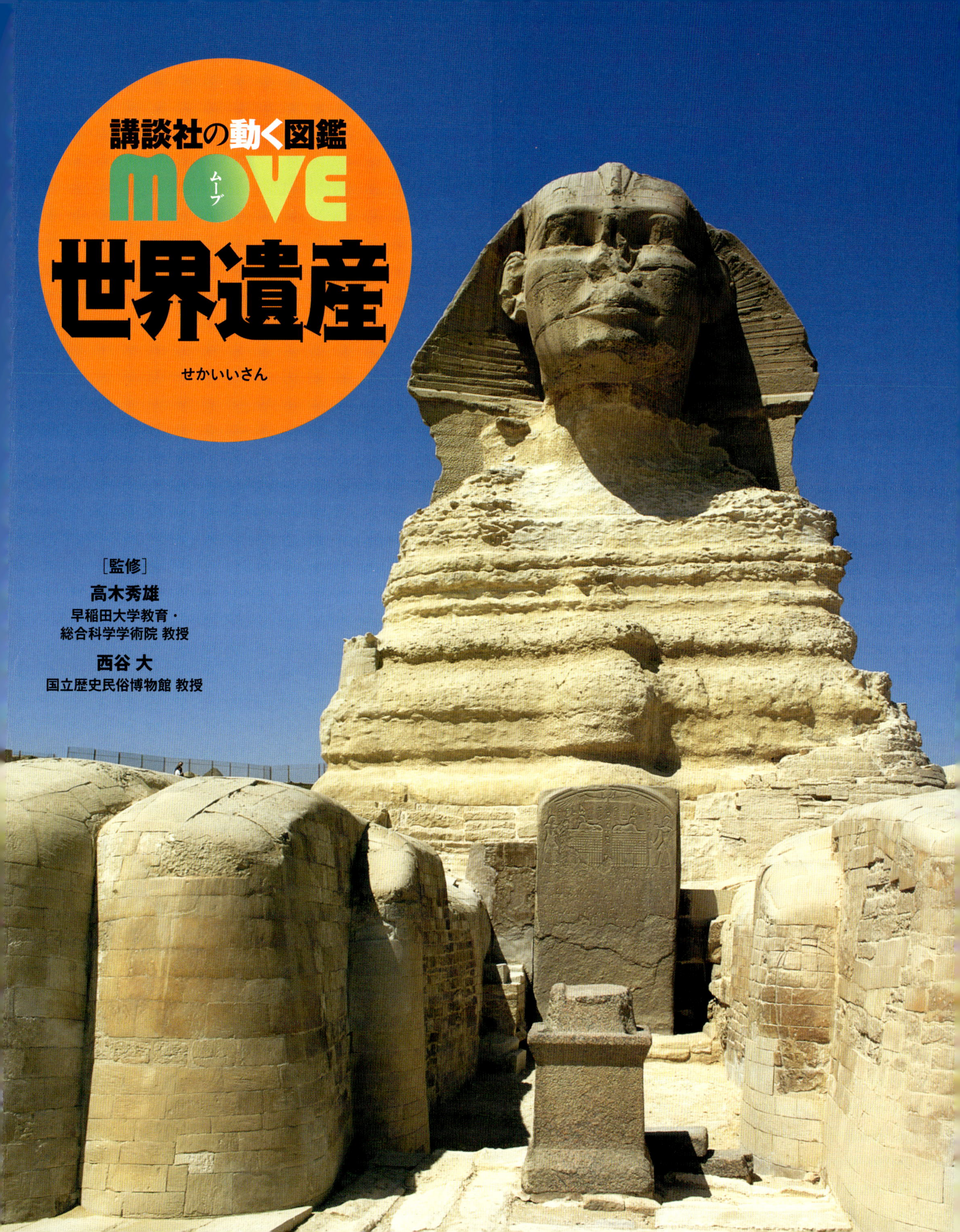
講談社の動く図鑑
MOVE
ムーブ
世界遺産
せかいいさん
［監修］
高木秀雄
早稲田大学教育・
総合科学学術院 教授
西谷 大
国立歴史民俗博物館 教授

人類の宝、世界遺産！

これまでに人類が築いてきた文化や文明、そして地球のゆたかな自然は、未来へ残すべき、人類共通のかけがえのない宝物です。

▶ウルン・ダヌ・バトゥール寺院の石像(インドネシア・バリ島)。寺院は2012年に文化遺産に登録されました。

この本の見方

遺産候補マーク
世界遺産登録をめざす日本の候補として国が選んでいるものです。

DVDマーク
付属のDVDに映像が入っています。水色のマークはその遺産についての映像が、ピンク色のマークはその遺産に関連する映像が見られます。

ポイント！
インディはかせが遺産について短くまとめているよ。まずここを読んでみよう!

地図
遺産があるおおよその場所がわかります。

ミニコラム
遺産に関連する情報をまとめています。楽しく知る「Q&A」や、重要なポイントを紹介する「クローズアップ」、見ておきたい点を解説している「みどころ」があります。

人類が平和にくらすために

世界遺産は、なぜ遺産として残す必要があるのでしょう。それは、地球そのものと、その地球によって育まれた人の歴史を未来に伝えたいという思いがあるからです。さらに、さまざまな遺産を現代の常識や価値観だけで判断しこわしたりすることなく、過去から未来へ引きつぐことで、人類の宝物にしようとするためです。平和にくらすには、おたがいのちがいや多様性を認めあうことが必要です。世界遺産は、地球の大切さだけでなく、人も地球があるからこそ生きて歴史をつくってきたのだ、すべてが大切な宝物なのだと訴えているのです。

国立歴史民俗博物館 教授　西谷 大

選りすぐりの地球の記録

未来へ引きつぐべき顕著な普遍的価値をもつ「人類の宝物」が、ユネスコの世界遺産です。なかでも自然遺産は、生命の進化の記録、重要な地質や地形の形成過程や地球の歴史の主要な段階を示す明白な見本となるものです。まさに、世界でここだけ！を堪能できるのです。読者の皆様には、その圧倒される素晴らしい地球の記録を鑑賞するだけではなく、なぜ、どのように、それが形づくられたのかを学んでいただき、現地をおとずれたときの感動がより深まることを願っています。

早稲田大学 教育・総合科学学術院 教授　高木秀雄

もくじ

CONTENTS

世界の世界遺産 128

アジア

ヨーロッパ

アフリカ

北中米

南米・オセアニア

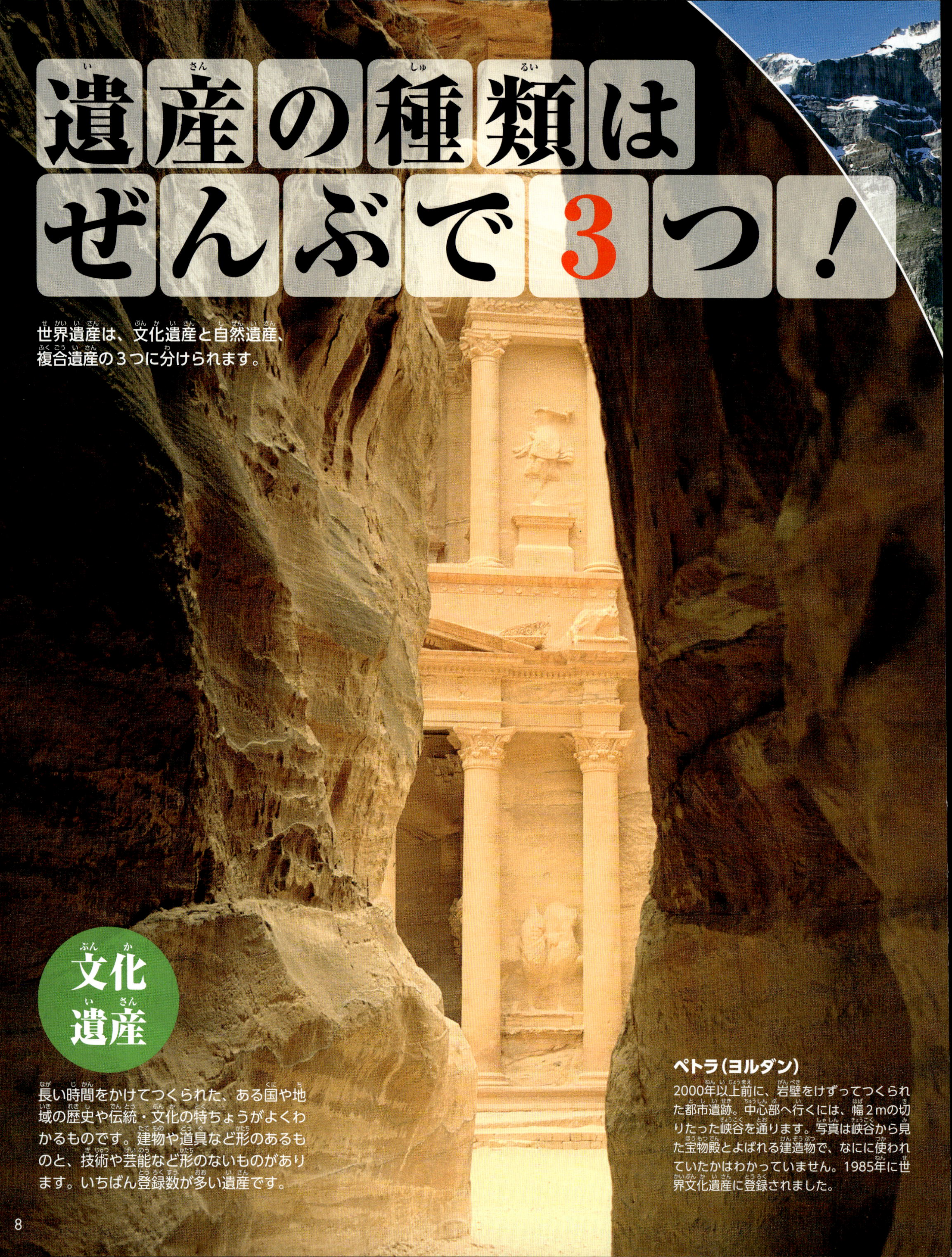

遺産の種類はぜんぶで3つ！

世界遺産は、文化遺産と自然遺産、複合遺産の３つに分けられます。

文化遺産

長い時間をかけてつくられた、ある国や地域の歴史や伝統・文化の特ちょうがよくわかるものです。建物や道具など形のあるものと、技術や芸能など形のないものがあります。いちばん登録数が多い遺産です。

ペトラ（ヨルダン）

2000年以上前に、岩壁をけずってつくられた都市遺跡。中心部へ行くには、幅２mの切りたった峡谷を通ります。写真は峡谷から見た宝物殿とよばれる建造物で、なにに使われていたかはわかっていません。1985年に世界文化遺産に登録されました。

モレーン湖（カナダ）

1984年に登録された世界自然遺産「カナディアン・ロッキー山脈自然公園群」にある湖。氷河から溶けだした水がたまってできた氷河湖で、水にふくまれる細かい砂が太陽の光を反射して美しい青に見えます。

自然遺産

ほかのどこでも見られない、特ちょう的な地形や美しい風景、自然現象、貴重な動植物が見られる場所です。

複合遺産

すばらしい遺跡と貴重な動植物が見られるなど、文化遺産と自然遺産の両方の価値をもつものです。

メテオラ（ギリシャ）

塔のように切りたった岩山が立ちならぶ地形と、岩山に建てられた修道院群が独特な景観を生みだしています。1988年に世界複合遺産に登録されました（→159ページ）。

日本の世界遺産

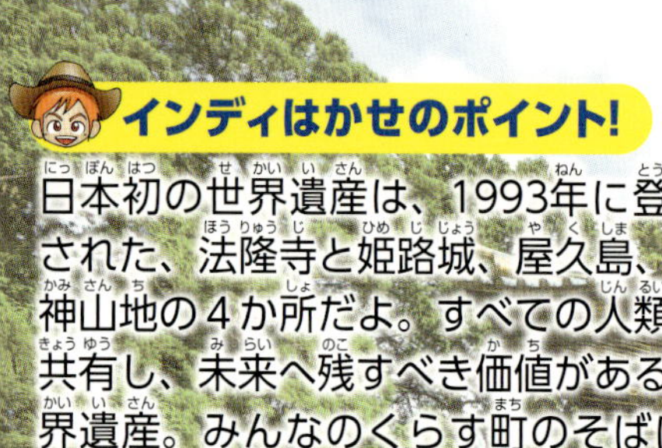

日本初の世界遺産は、1993年に登録された、法隆寺と姫路城、屋久島、白神山地の４か所だよ。すべての人類が共有し、未来へ残すべき価値がある世界遺産。みんなのくらす町のそばに、どんな世界遺産があるか見てみよう！

●文化遺産 ●自然遺産

日本の文化遺産

周囲を海にかこまれた日本には、独自の歴史と文化が育まれました。世界的にもまれで貴重な遺産が登録されています。

岐阜県、富山県
合掌造り

福岡県
神宿る島 沖ノ島

京都府、滋賀県
古都京都

広島県
原爆ドーム／厳島神社

島根県
石見銀山

滋賀県
候補 **彦根城**

長崎県、熊本県
潜伏キリシタン遺産

兵庫県
姫路城

鹿児島県
屋久島

大阪府
候補 **百舌鳥・古市古墳群**

三重県、奈良県、和歌山県
紀伊山地の霊場

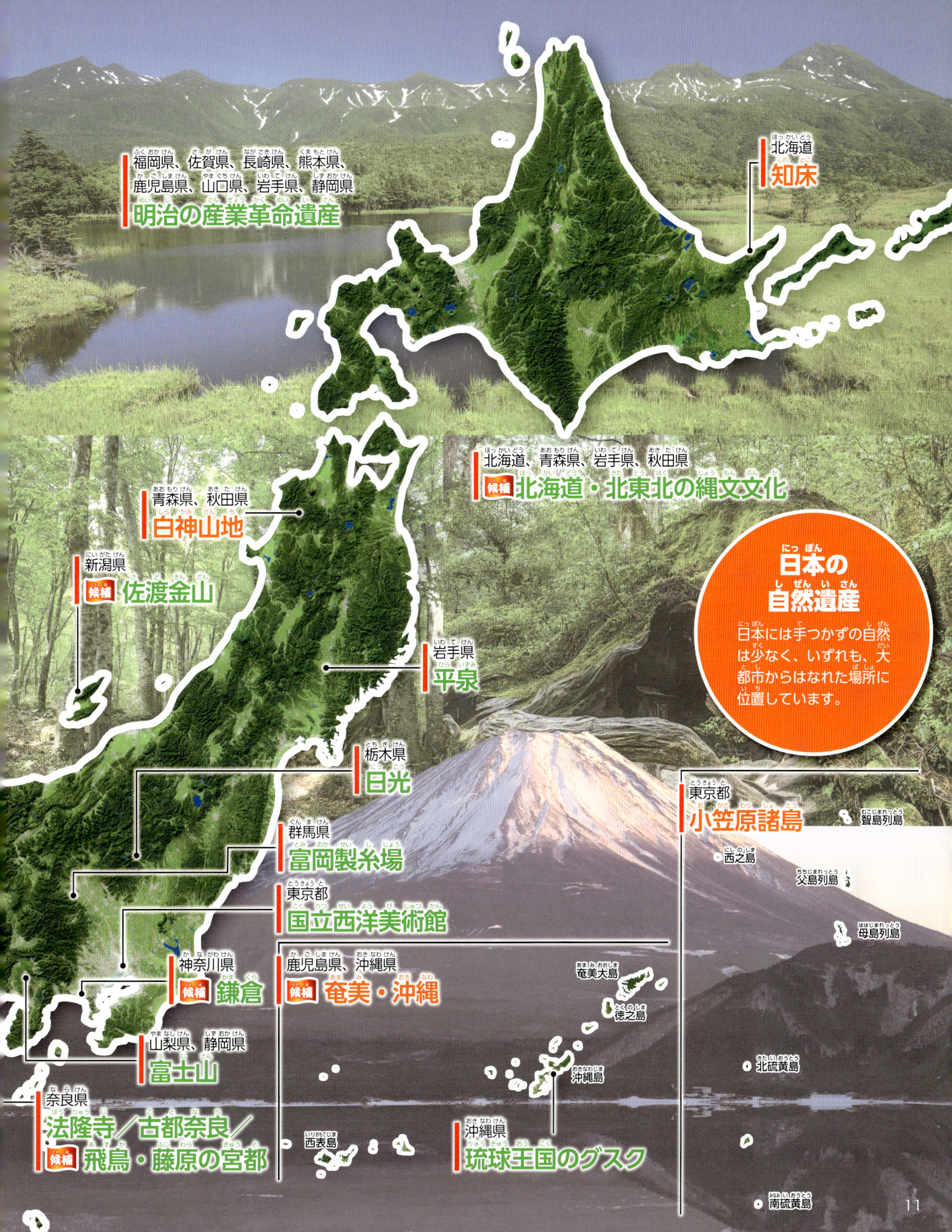
福岡県、佐賀県、長崎県、熊本県、
鹿児島県、山口県、岩手県、静岡県
明治の産業革命遺産
北海道
知床
北海道、青森県、岩手県、秋田県
候補 北海道・北東北の縄文文化
青森県、秋田県
白神山地
新潟県
候補 佐渡金山
日本の自然遺産
日本には手つかずの自然は少なく、いずれも、大都市からはなれた場所に位置しています。
岩手県
平泉
栃木県
日光
東京都
小笠原諸島
聟島列島
西之島
父島列島
母島列島
群馬県
富岡製糸場
東京都
国立西洋美術館
神奈川県
候補 鎌倉
鹿児島県、沖縄県
候補 奄美・沖縄
奄美大島
徳之島
山梨県、静岡県
富士山
沖縄島
北硫黄島
奈良県
法隆寺／古都奈良／
候補 飛鳥・藤原の宮都
西表島
沖縄県
琉球王国のグスク
南硫黄島

流氷が育む大自然

知床

■知床 ■自然遺産 ■2005年 ■北海道斜里町、羅臼町

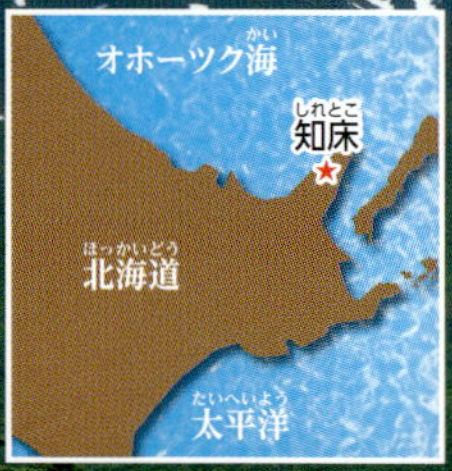

オホーツク海
知床
北海道
太平洋

インディはかせのポイント!

北海道の東の端につきでた知床半島は、海にかこまれ、火山活動がつくりだしたけわしい地形のため、人がかんたんに入っていけない秘境の地だ。海氷の影響を受けた海と陸の生態系のゆたかなつながりと、希少な種をふくむ、さまざまな動植物がくらす生物の多様性が高く評価され、海の部分もふくめて登録されたよ。

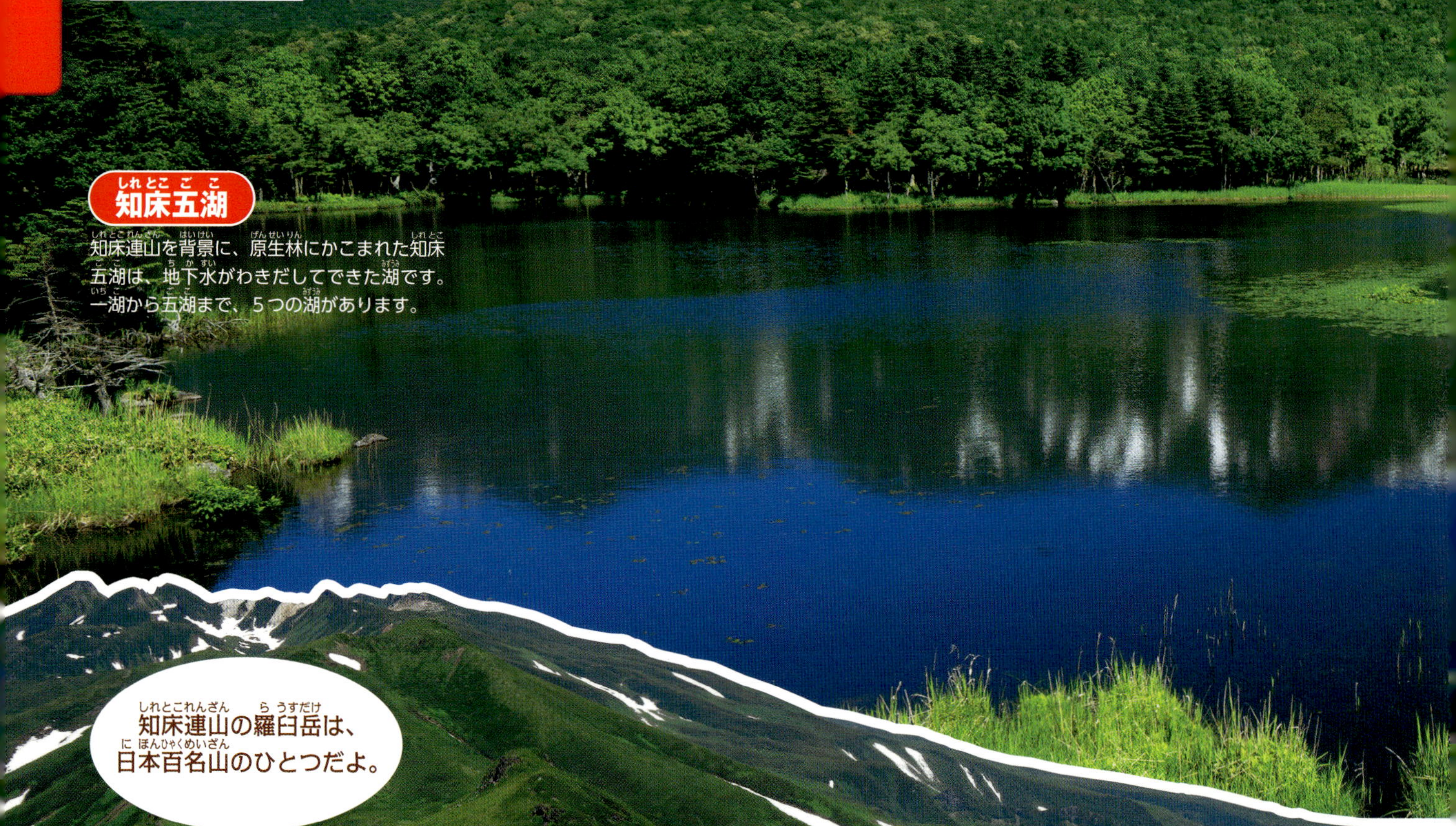

知床五湖

知床連山を背景に、原生林にかこまれた知床五湖は、地下水がわきだしてできた湖です。一湖から五湖まで、5つの湖があります。

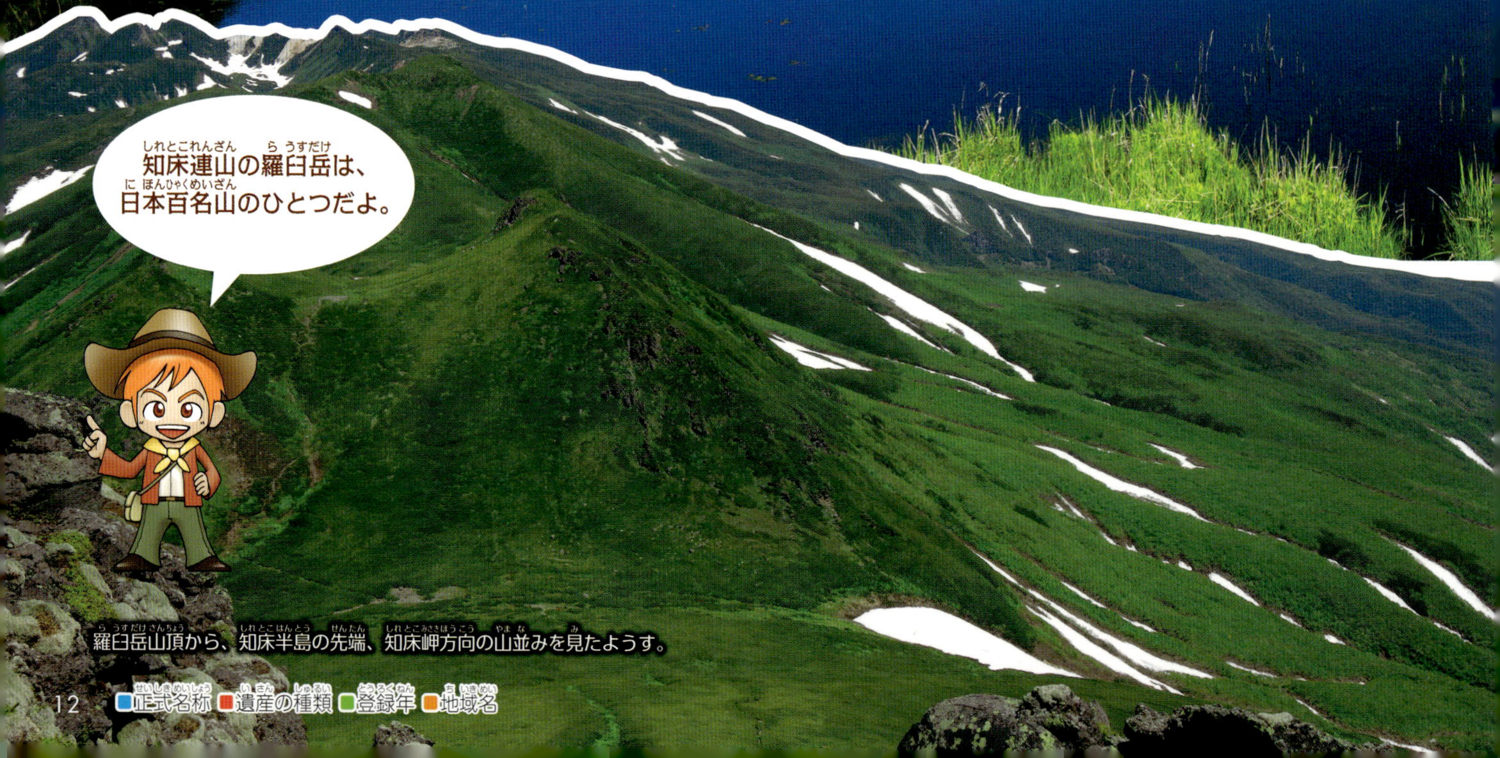

知床連山の羅臼岳は、
日本百名山のひとつだよ。

羅臼岳山頂から、知床半島の先端、知床岬方向の山並みを見たようす。

■正式名称 ■遺産の種類 ■登録年 ■地域名

知床連山

知床半島のほぼ中央に位置する知床連山は、高さ（標高）1500m級の山々が一列にならんでいます。いちばん高い羅臼岳は、標高1661mです。

みどころ

断崖の半島

知床半島は、火山性のもろい地質でできているため、その海岸線には、長い年月をかけて波にけずられた「海食崖」とよばれる断崖があります。高さ80〜200mの断崖がつづき、川が滝になって、断崖から直接、海に落ちている場所もあります。

フレペの滝

地下水が滝になって流れ落ちます。乙女の涙ともよばれています。

エゾカンゾウ（ゼンテイカ）

湿原や草地に生育し、6〜7月に花をさかせます。ニッコウキスゲともよばれます。

川の途中にある「カムイワッカ湯の滝」の滝つぼは、まるで露天風呂のようです。

シレトコスミレ

知床半島の硫黄山〜羅臼岳の限られた砂れき地に生育する固有種で、6〜7月に花をさかせます。

Q 知床には温泉の川があるの?

A 知床連山の硫黄山の山腹からわきだした温泉は、カムイワッカ川に流れこんで温泉の川になっています。

知床の生きもの

インディはかせのポイント!

ゆたかな自然が残る知床には、陸にも海にも多くの生きものがくらしているんだ! なかには、シマフクロウやオオワシのように、絶滅の危険がある希少な生きものもふくまれているよ。

エゾシカ

日本にすむシカのなかでは最大で、体重は100kgをこえるものもいます。林縁や草原で見られます。

シマフクロウ

世界最大級のフクロウで、水辺近くの森林にすんでいます。生息地の減少や環境悪化で数がへっています。

オオワシ

日本最大のワシで、翼を広げると2m以上になります。知床には冬にあらわれ、海岸や近くの林で見られます。

エゾモモンガ

平地から山地の森林にすみ、おもに植物を食べます。体に飛膜があり、木から木へと滑空することができます。

キタキツネ

平地から山地に広くすんでいて、道端などで見かけることもあります。

※キタキツネには人になれた個体もいますが、危険な寄生虫がいるので、さわったり、食べ物をあげたりしてはいけません。

エゾヒグマ

体重は200kg前後、最大で約500kgにもなり、日本最大の陸上動物です。森林や原野にすんでいます。

クローズアップ！ 南と北の植物が入りまじる森

知床半島には、南方系と北方系、両方の植物が生育しています。海岸の近くから森林限界までつづく深い森には、トドマツなどの北方系の針葉樹、ミズナラなどの南方系の落葉広葉樹が入りまじった、「針広混交林」とよばれる森林があります。

針広混交林のようす。

秋は落葉広葉樹の美しい紅葉も見られます。

クローズアップ！ 流氷の上で子育て

知床の流氷の上は、アザラシたちの出産と子育ての場所です。ゴマフアザラシは、もっとも沿岸近くを生息域にし、2～4月に出産します。クラカケアザラシは4月ごろ、沿岸からはなれた厚い流氷の上で出産します。

流氷の上で授乳するクラカケアザラシ。

知床

流氷の恵みは陸へめぐる

日本

インディはかせのポイント!

オホーツク海の知床沿岸域は、世界でもっとも南まで流氷がやってくる場所だ。流氷は大量の栄養をはこんでくる。それを動物プランクトンが食べ、そのプランクトンを魚が食べ、その魚を海や陸の動物が食べる。そして動物のふんや死がいは、海や大地の栄養になる。流氷がもたらす栄養が、知床のゆたかな生態系を育んでいるんだ!

オオワシ

おもにサケやマス、スケソウダラなどの魚を食べます。

シマフクロウ

おもに魚を食べます。川や湖で待ちぶせしてとらえます。

サケやマス(サケ科の魚)

サケやカラフトマス、サクラマスは川で生まれ、海に下って動物プランクトンなどを食べて成長し、繁殖のために再び川へともどってきます。

動物プランクトンなど

食べられる

流氷の下は、植物プランクトンの生育場です。植物プランクトンがふえると、これを食べるオキアミやクリオネなどの動物プランクトンもふえます。動物プランクトンは、魚やカニ、貝類の食料になります。

シャチ

魚のほかに、アザラシやトド、クジラをおそって食べることもあります。

トド

スケソウダラやニシンなどの魚、イカ、タコをよく食べます。

栄養の流れ

第一次消費者

第二次消費者

流氷ってなに?

知床に流れてくる流氷は、ロシアのアムール川の水でうすまったオホーツク海の表層の海水がこおって、北風で南下してきたものです。一方、知床半島の南の太平洋側では、海水の塩分の濃さは変わらず水深も深いので、流氷はできなくなります。流氷は毎年1月半ばごろに北海道沿岸に流れてきて、2月はじめごろには接岸します。年によっては太平洋側の釧路周辺にまで流れてくることもあります。

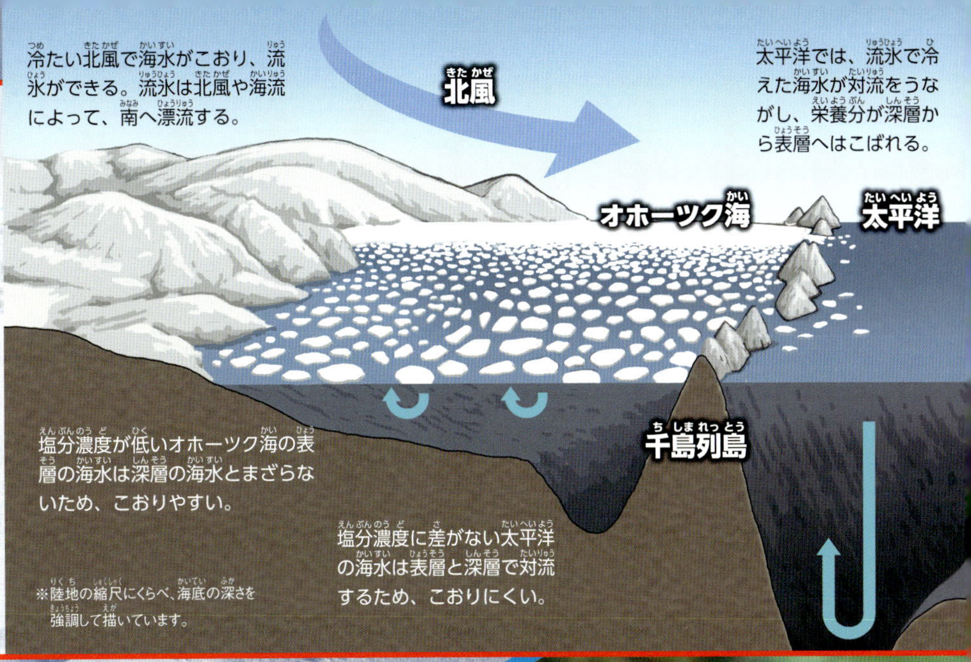

冷たい北風で海水がこおり、流氷ができる。流氷は北風や海流によって、南へ漂流する。

北風

太平洋では、流氷で冷えた海水が対流をうながし、栄養分が深層から表層へはこばれる。

オホーツク海

太平洋

千島列島

塩分濃度が低いオホーツク海の表層の海水は深層の海水とまざらないため、こおりやすい。

塩分濃度に差がない太平洋の海水は表層と深層で対流するため、こおりにくい。

※陸地の縮尺にくらべ、海底の深さを強調して描いています。

キタキツネ

サケやマスを自分でとることはできませんが、産卵後の死がいや、エゾヒグマの食べのこしをよく食べます。

エゾヒグマ

知床では、陸上の食物連鎖の頂点に立っているのがエゾヒグマです。陸上のほ乳類としてゆいいつ、秋に川を上ってくるサケやマスをとらえて食べます。

第三次消費者

手つかずの自然が残る広大なブナ林

白神山地

■白神山地 ■自然遺産 ■1993年 ■青森県鰺ケ沢町、深浦町、西目屋村、秋田県藤里町

日本

インディはかせのポイント!

白神山地は、秋田県と青森県の県境にある、広さ約1300㎢の山岳地帯だ。そのうち、ブナ林を主体とした約170㎢の区域が世界遺産に登録されているんだ。多くの動植物が共存する日本ならではのブナ林が、ほとんど手つかずのまま残っていることが評価され、屋久島とともに、日本初の世界自然遺産に登録されたよ。

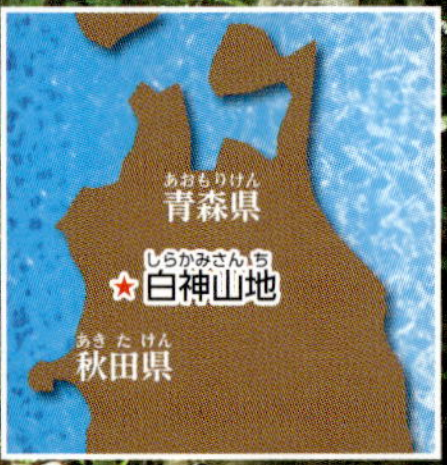

青森県
白神山地
秋田県

ブナの樹皮

ブナの樹皮は灰白色でなめらかで、模様のように地衣類やコケにおおわれています。

ブナ林

ブナ林には、ミズナラやイタヤカエデなどの高木や、ナナカマドやオオカメノキなどの中~低木がまざって生育しています。さらに、その下にはチシマザサなどが生え、複雑でゆたかな植生が保たれています。

Q めずらしい生きものはいる?

A 白神山地にはほかの地域では見られない動植物が分布しています。国の天然記念物のクマゲラは、ブナの幹に穴をほって巣をつくります。ブナ林は、クマゲラの貴重な繁殖地なのです。初夏に花をさかせるシラガミクワガタは、白神山地にだけ自生する固有種です。

出典:東北森林管理局Webサイト

シラガミクワガタ

クマゲラ

Q 白神のブナ林はなぜ貴重なの?

A ブナのなかまの林は海外にもありますが、これだけ広いブナの原生林が東アジアで残っているのは白神山地だけです。しかも、海外のブナ林とはちがって、地球がいまよりもっと寒かった時代の特ちょうを残した、多様性に富んだブナ林なのです。

世界のブナ属は、東アジア、北アメリカ東部、ヨーロッパ西部の温帯の３地域に分布しています。

クローズアップ! ブナ林は緑のダム

ブナ林は昔から、「緑のダム」とよばれてきました。ブナの広い葉は雨を多く受けとめ、枝から幹、そして地面へと雨水を流します。落ち葉などがくさってできた土が、この水をスポンジのようにすいこみ、水は少しずつゆっくり時間をかけて川や湖にそそぎこまれていきます。

ブナの原生林にかこまれた、青森県深浦町にある十二湖のひとつ「青池」。

白神山地

白神山地に生きる

インディはかせのポイント!

白神山地のブナ林が育む動植物の恵みは、マタギとよばれる人たちをはじめとして、昔から山里にくらす人々の生活をささえていたよ。

マタギ

マタギは、北日本の山岳地帯で、古いしきたりを守りながら、ツキノワグマやカモシカなどを狩って生活する猟師のことです。かつては白神山地でもマタギが活躍していましたが、いまはわずかしか残っていません。

マタギにとって、大きなツキノワグマはいちばんの獲物です。ツキノワグマはブナの樹洞などをねぐらにし、秋は冬眠の前に、ブナの実をたくさん食べます。

▲マタギのリーダー「シカリ」が持ちあるいた巻物「山立根本巻」。神を助けた先祖が、日本国中の山々で狩りをするゆるしを得たという伝説が書かれています。

マタギのすがた(明治時代ごろ)

鉄砲と槍、山刀、マタギベラ(左手に持つもの)などを持って、狩りに出かけました。

◀12人で山に入ると山の神の怒りにふれるという言い伝えがあり、人数をかえるため、「サンスケ」という人形を1体持って入りました。

▶マタギが山の神を祭る際に使用した、山の神の掛け図。男神の山の神と、それにつかえる2匹の山犬が描かれています。

マタギ関連資料4点とも所蔵:青森県立郷土館

しとめられたツキノワグマ。クマの手足をロープでしばり、解体する場所まではこびます。マタギの猟犬は、マタギ犬や熊犬とよばれました。

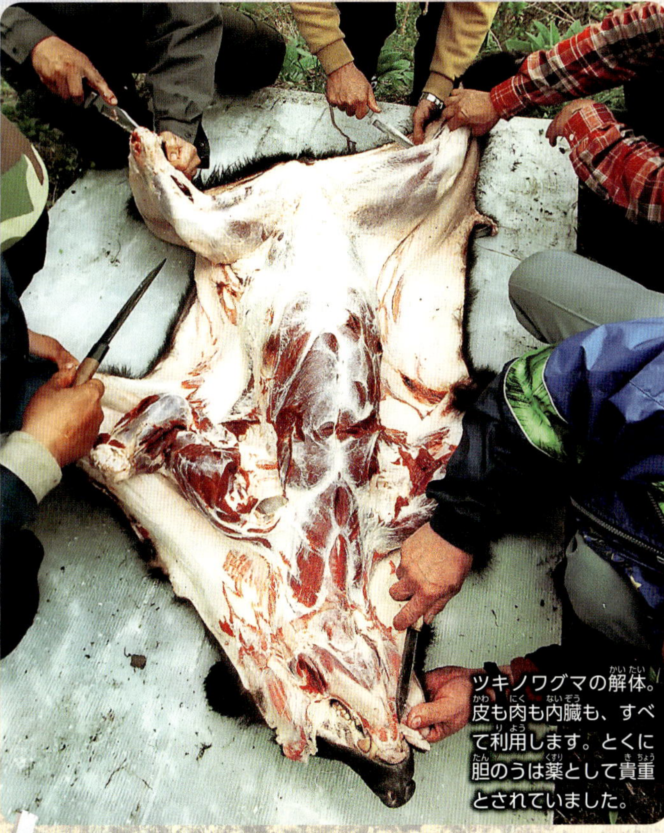

ツキノワグマの解体。皮も肉も内臓も、すべて利用します。とくに胆のうは薬として貴重とされていました。

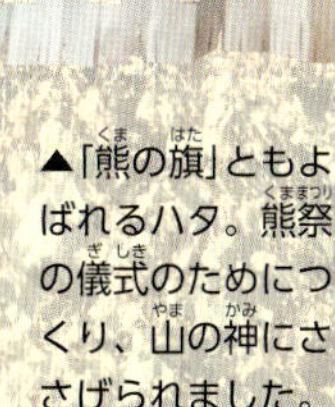

▲「熊の旗」ともよばれるハタ。熊祭の儀式のためにつくり、山の神にささげられました。

ブナ林の恵み、ナメコをいただく。

木地屋

木地屋は、木を材料にして、おわんなどの素材になる「木地」をつくることを仕事にしている人たちです。かつて日本各地の山中には、多くの木地屋がいて、日本の食文化をささえるおわんの生産にたずさわっていました。白神山地でも、ブナ、トチノキ、クリなどの樹木から木地がつくられました。

炭焼き

昔は燃料として炭が多く使われていたので、山村では木炭をつくる炭焼きがさかんでした。白神山地ではブナやミズナラを伐採して、炭焼きがまの中で蒸し焼きにして木炭をつくっていました。

かすり模様の服を着て、木炭を背負う女性をかたどった「目屋人形」。かつて炭焼きがさかんにおこなわれていた、青森県中津軽郡西目屋村の民芸品です。

極楽浄土をめざしてつくられた黄金の都

平泉

■平泉―仏国土(浄土)を表す建築・庭園及び考古学的遺跡群―
■文化遺産 ■2011年 ■岩手県平泉町

日本

インディはかせのポイント!

平安時代の東北地方に、とても大きな力をもった藤原一族がいたんだ！ かれらは砂金と交易で富を得て、京の都から遠くはなれた東北地方に人口10万人の大都市・平泉をつくったんだよ！

中尊寺金色堂

中尊寺は、東北地方でつづいた戦乱の死者が極楽浄土にいけるように願い、藤原清衡が建てた寺です。1124年に建てられた金色堂は、全体を約3万枚の金ぱくでおおい、極楽浄土を形にあらわしたお堂です。

所蔵:中尊寺

内陣の仏像

本尊として3体の阿弥陀如来が祭られていて、まわりは螺鈿細工(貝がらを使った細工)や象牙、宝石などで飾られています。

見てみよう! DVD あっぱれ！ ニッポン 日本の世界遺産

金色堂に遺体がねむっている?

A 1950年に金色堂が調査されたとき、仏像の台座である3つの須弥壇の中から、金ぱくで飾られた棺に入った3体の遺体と、ひとつの頭部が見つかりました。調査の結果、遺体は初代の清衡、2代の基衡、3代の秀衡で、頭部は4代の泰衡とわかりました。調査後、4人は再び棺に収められ、いまも須弥壇の中でねむっています。

お堂を守るためのお堂・覆堂

所蔵:中尊寺

金色堂をすっぽりおおって守るお堂です。写真の旧覆堂は室町時代に建てられ、いまの覆堂ができるまで約500年、金色堂を守りました。

「黄金の島ジパング」の正体は平泉!?

13世紀末のイタリア人旅行家マルコ・ポーロの旅行記『東方見聞録』には、「ジパング(日本)には黄金でできた宮殿がある」と書かれています。この黄金の島ジパングの話は、中尊寺金色堂の話が中国におおげさに伝わり、それをマルコ・ポーロが聞いたと考える人もいます。

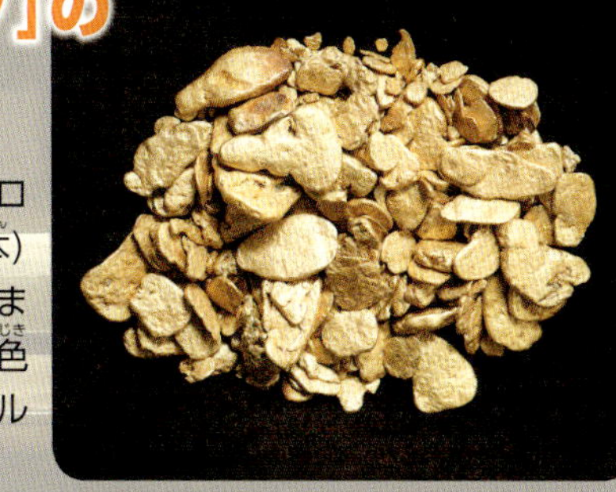

所蔵:中尊寺

奥州藤原氏とは?

インディはかせのポイント!

平安時代後期に、奥州(いまの青森・秋田・岩手・山形・宮城・福島県)を4代にわたっておさめたのが奥州藤原氏だ。平泉はとても栄えて平和だったといわれているけど、そこにたどりつくまで、初代の清衡や東北地方の人々は、長く苦しい戦乱の時代を過ごしたんだ。

後三年の役「雁行の乱れ」

清衡が奥州を支配するきっかけになった戦いです。清衡に味方した源義家が、いつもは整列して飛ぶ雁のむれが乱れて飛びまわったことから、かくれている敵に気がついて勝利しました。

Q 平安時代の東北地方はどんなところだった?

A 平安時代中期の東北地方では、地元の有力者であった安倍氏や清原氏が力をつけていました。朝廷にさからった安倍氏は、清原氏を味方につけた朝廷側にほろぼされます(前九年の役)。その後に支配地を広げた清原氏が、あとつぎ問題から養子の清衡にほろぼされる(後三年の役)と、やっと平和な奥州藤原氏の時代になるのです。

前九年の役(1051〜62年)

後三年の役(1083〜87年)

奥州藤原氏の勢力範囲

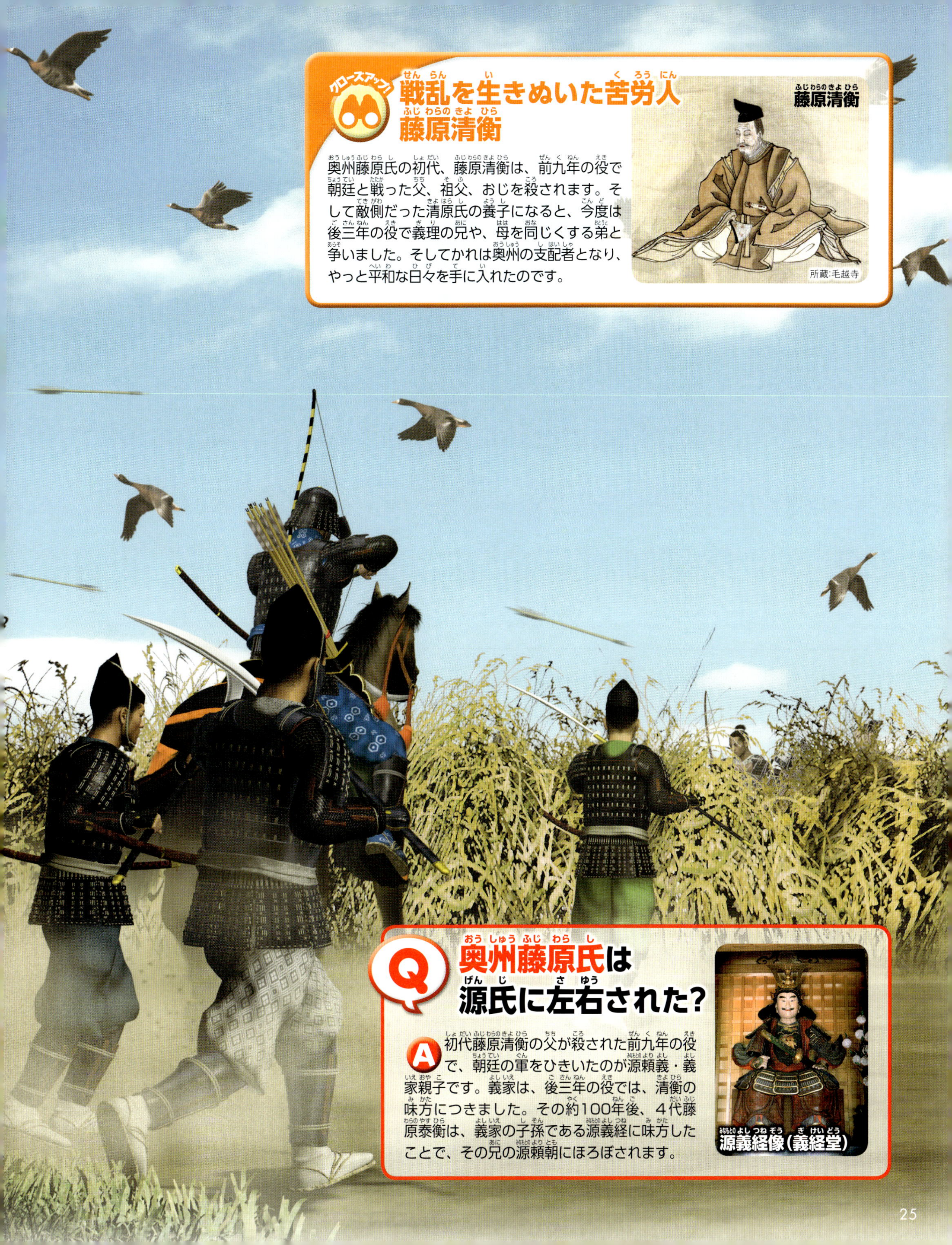

戦乱を生きぬいた苦労人 藤原清衡

奥州藤原氏の初代、藤原清衡は、前九年の役で朝廷と戦った父、祖父、おじを殺されます。そして敵側だった清原氏の養子になると、今度は後三年の役で義理の兄や、母を同じくする弟と争いました。そしてかれは奥州の支配者となり、やっと平和な日々を手に入れたのです。

藤原清衡

所蔵:毛越寺

Q 奥州藤原氏は源氏に左右された?

A 初代藤原清衡の父が殺された前九年の役で、朝廷の軍をひきいたのが源頼義・義家親子です。義家は、後三年の役では、清衡の味方につきました。その約100年後、4代藤原泰衡は、義家の子孫である源義経に味方したことで、その兄の源頼朝にほろぼされます。

源義経像(義経堂)

平泉

藤原氏が望んだ極楽浄土

日本

インディはかせのポイント!

平安時代後期は戦争や災害が多く、人々の間では阿弥陀如来をおがんで念仏をとなえると、死後に極楽浄土に生まれかわれるという浄土思想がはやったんだ。戦乱の時代をくぐりぬけた清衡も、浄土思想にもとづいて、平泉をこの世の極楽浄土にしようとしたんだよ。

現在の無量光院跡

無量光院

3代の秀衡が、平等院鳳凰堂を見本にして建てました。浄土は西方にあるという考えから、夕日が阿弥陀堂のうしろにある金鶏山にしずむようにつくられています。秀衡は、無量光院の景色に極楽浄土を見ていたのでしょう。

毛越寺の浄土庭園

仏堂の前に大きな池をつくって極楽浄土をあらわす庭園を浄土庭園といいます。毛越寺は奥州藤原氏が再興した寺で、浄土庭園は平安時代当時のすがたをそのまま残しています。

クローズアップ!

金鶏山を中心に整えられた平泉

金鶏山は高さ約100mの小高い山で、中尊寺と毛越寺のちょうど真ん中くらいにあります。平泉のどこからでもながめることができるので信仰の対象とされ、毛越寺や無量光院、2代基衡の妻が建てた観自在王院も、金鶏山が景色の中心になるようにつくられました。金鶏山は平泉の都市づくりの要なのです。

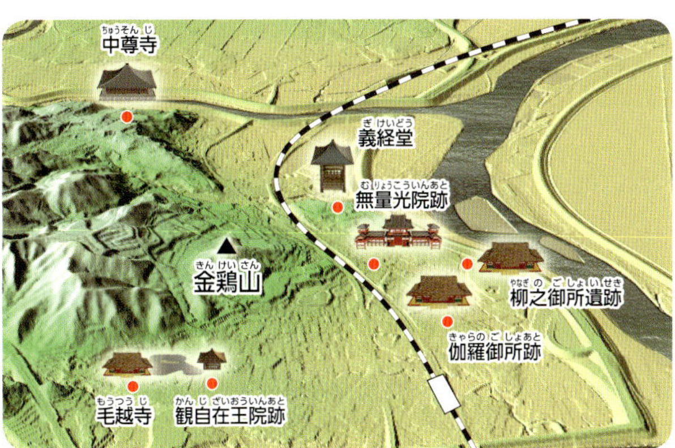

クローズアップ!

奥州から日本各地へ

奥州藤原氏は、支配地でとれた金を元手にしたり、蝦夷地(北海道)で仕入れたワシの羽やアザラシの毛皮、地元産の馬を売ったりして、日本各地と交易していました。渥美・常滑では焼き物を買い、博多の商人から中国の産物を手に入れるなど、京の都の貴族に負けないほどゆたかな暮らしをしていたのです。

平泉で出土した中国製の白磁四耳壺。

奥州藤原氏は、北は北海道から南は博多をこえて中国まで、自分たちだけのネットワークを広げていました。そして品物だけでなく、さまざまな文化も平泉に持ちこんだのです。

山岳信仰の中心から徳川幕府の聖地へ

日光

■日光の社寺 ■文化遺産 ■1999年 ■栃木県日光市

インディはかせのポイント!

自然ゆたかな日光は、奈良時代から神様と仏様をわけへだてなく信仰するための聖地だったんだ。江戸時代には徳川家康を祭る日光東照宮もできて、徳川幕府にとっても神聖な場所になった。いまでもまわりの自然と一体になった聖地で、歴史ある社寺が多く残っているよ!

日光東照宮

徳川家康は、自分が関東地方の守り神になろうと考えて、日光に自分を祭るように遺言しました。そうしてつくられたのが日光東照宮で、現在の建物は3代将軍徳川家光の時代に建てられたものです。

■正式名称 ■遺産の種類 ■登録年 ■地域名

唐門

陽明門をぬけると正面にあるのが、御本社への正門となる唐門です。唐門は貝がらをすりつぶしてつくる「胡粉」というもので白く塗られているのが特ちょうです。

陽明門の逆柱

陽明門にある12本の柱のうち、1本だけさかさになった柱があります（写真左）。これは建物を不完全にしておくことでわざわいをさける、魔除けの意味があります。

御宝塔

奥宮にあり、これが徳川家康の墓にあたります。

陽明門

日光東照宮を代表する建物といわれているのが陽明門です。高さは11mあり、建物全体があざやかに色が塗られた彫刻でうめつくされています。

見てみよう！ DVD あっぱれ！ ニッポン 日本の世界遺産

東照宮で彫刻クエスト

インディはかせのポイント!

日光東照宮には、建てられた当時の最高の技術をもった職人たちがつくった、たくさんの彫刻があるんだ。ごうかな建築物のあちこちに、さまざまな動物や人々のすがたが彫られているよ。どこにどんな彫刻があるかさがしながら、東照宮をめぐってみよう！

❶陽明門の彫刻

陽明門は500をこえる数の彫刻でうめつくされています。彫刻には唐獅子や龍などの伝説上の生きものや、さまざまな人のすがたが描かれ、日がくれるまで一日中ながめていてもあきないことから、陽明門は「日ぐらし門」ともよばれています。

中国の聖人・賢人を描いたものや、ミミズクなどの鳥や動物の彫刻も彫られています。子どもたちが遊ぶすがたの彫刻には、平和な世の中をめざす思いがこめられています。

❹東廻廊の眠り猫とうらの雀

❷神輿舎の虎

お祭りに使うみこしをおさめておく神輿舎には、向かいあった虎の彫刻があります。虎は、東照宮に祭られている徳川家康の干支でもあります。

❸神厩舎の三猿

神様の馬をつなぐ神厩舎には、人の一生を描いた猿の彫刻があります。そのうち「見ざる、言わざる、聞かざる」の「三猿」は、子どものときには悪いことを見たり言ったり聞いたりしない、という教えが描かれたものです。

彫刻の名人、左甚五郎の作品とされる「眠り猫」があり、そのうらには雀が彫られています。「雀が近くにいても猫がねむるほどの平和」をあらわしています。

❺廻廊の孔雀

陽明門の左右にのびる廻廊には、さまざまな鳥が彫られています。なかでも色あざやかな孔雀は見事です。

❻三神庫の象

馬具などが収められた三神庫のうち、上神庫の屋根下に象の彫刻があります。

❼五重塔の十二支

五重塔のいちばん下の4つの壁には、十二支の動物が彫られています。正面の虎、兎、龍は、それぞれ徳川家康、2代将軍秀忠、3代将軍家光の干支です。

ごうかなものは直すのも大変

日光東照宮では、長い歴史のなかでいたんでしまったり色が落ちたりした部分を、時間をかけてくりかえし直しています。そのためには、品質のよい国産のうるしを使うと決められていますが、日本国内ではうるしの生産量がへっていることも問題になっています。

ウルシの木の表面に切りこみを入れ、しみだす樹液(うるし)をとります。

日光

神になった徳川家康

日本

東照宮や家康の墓はほかにもある!?

A 静岡県静岡市の久能山には、徳川家康がなくなって最初に埋葬された久能山東照宮があります。ほかにも徳川家などが建てた東照宮が全国にあります。また、家康にゆかりのある京都府左京区の圓光寺には、家康の歯を埋葬した墓があります。

石鳥居
日光東照宮の入り口に位置する、花崗岩でできた鳥居。東照大権現と書かれた額は、畳1畳分の大きさがあります。

インディはかせのポイント!

1616年になくなった徳川家康は、よく年に朝廷から「東照大権現」という神号（神としてのよび名）をおくられたんだ！　こうして日光には、古くから信仰された神様や仏様に、新しい神様も加わって、聖地としてさらに発展したんだよ！

圓光寺の家康の墓。

徳川家康

クローズアップ!

山そのものが神様だった日光

日光にある男体山などの３つの山は「日光三山」とよばれ、山そのものを神様と考える「山岳信仰」の場所でした。この山中に神社や寺が建てられ、聖地として神様も仏様もわけへだてなくいっしょにあがめられていたのです。男体山は昔は二荒山とよばれていて、その二荒を音読みした「にこう」から「日光」の名前がついたともいわれています。

日光の戦場ヶ原は、男体山の神と赤城山の神が大蛇と大百足になって戦った伝説が名前の由来です。

日光二荒山神社

男体山、女峰山、太郎山の日光三山を神様として祭る、古い歴史のある神社です。

みどころ

徳川家光も日光にねむる

徳川将軍15代のなかで、徳川家康の孫で３代将軍の家光だけが、家康と同じ日光の輪王寺に埋葬されています。

輪王寺大猷院

技術の交流と改良で世界に絹を広めた

富岡製糸場

■富岡製糸場と絹産業遺産群■文化遺産■2014年
■群馬県富岡市、伊勢崎市、藤岡市、下仁田町

インディはかせのポイント!

江戸時代から、絹の原料の生糸は、日本の重要な輸出品だったんだ。明治時代になって貿易がさかんになると、よい生糸を大量に生産する必要がでてきた。そこで、まず国が1872年(明治5年)に洋式の機械をそろえた工場をつくったんだ。それが富岡製糸場だよ!

繰糸所

蚕のまゆから糸を取る作業をする場所です。長さが約140mあり、ここに300釜の繰糸機がならんでいました。

はたらく女子工員

富岡製糸場には、各地から集められたわかい女子工員が、製糸場内にある宿舎で共同でくらしながら、毎日けんめいにはたらいていました。

■正式名称■遺産の種類■登録年■地域名

提供:片倉工業株式会社

1940年ごろの繰糸所のようす。このころの繰糸機は日本で開発されたもので、その技術は世界でみとめられました。

提供:岡谷蚕糸博物館

フランス式繰糸機

富岡製糸場がつくられたとき、最初に使われた繰糸機です。釜でまゆをにて、糸を取る作業を、ひとりですわっておこないます。

東置繭所

蚕のまゆを保存していた建物です。長さが約104mもある大きな倉庫で、同じ大きさの西置繭所もあります。

クローズアップ！

日本が世界一になるための原点

富岡製糸場でつくられた生糸の商品ラベル。

提供:片倉工業株式会社

富岡製糸場は、海外の最新技術と機械を取りいれ、そこではたらく人に伝えられました。また、原料のまゆの大量生産や保存の方法、さらにまゆや生糸をはこぶ方法(鉄道)なども合わせて整えられました。その結果、日本各地に富岡製糸場にならった工場がつくられ、技術も改良されて生産量もふえて、1900年ごろには、日本は世界一の生糸輸出国になったのです。

所蔵:富岡市立美術館・福沢一朗記念美術館

できて間もないころの富岡製糸場のようす。この製糸場は海外の技術で始まりましたが、やがて養蚕や製糸業の技術は日本で改良され発展して、世界に大きな影響をあたえました。

富岡製糸場

製糸業をささえた努力と工夫

インディはかせのポイント!

日本では、養蚕がさかんになった江戸時代から、さまざまに工夫をこらして、まゆや生糸の生産量をふやそうとしてきたよ。そのなかで「温暖育」や「清涼育」、そしてそのふたつのよさを合わせた「清温育」という養蚕方法が生まれ、まゆを大量に生産できたんだ!

養蚕農家の屋根にある気ぬき（天窓）

高山社跡の蚕室

天井：天井にすきまをつくり、屋根の気ぬきと合わせて通気をよくします。

窓：光がよく入り、空気の入れかえに便利なように、下のはしがゆかと同じ高さになっています。

蚕座：蚕をかう場所です。蚕ぱくという竹などでつくった平たいかごや箱を、何段も重ねて使います。

通気口：2階にある蚕室のゆかにもたくさんのすきまがあり、通気をよくしています。

火炉：炭火をおこして蚕室内をあたため、気温が低い時期でも蚕が活動しやすくします。

みどころ

養蚕を発展させた遺産

田島弥平旧宅

養蚕家の田島弥平は、通気を大切にする「清涼育」に合った、新しい養蚕用の建物を考えだしました。

高山社跡

「清温育」を考えだした高山長五郎が開いた組合で、清温育の技術を伝えるための建物が残っています。

荒船風穴

風穴は、すずしい風がふきでて、一年を通して温度変化が少ないので、蚕の卵の保存に利用しました。

日本の技術が世界へ

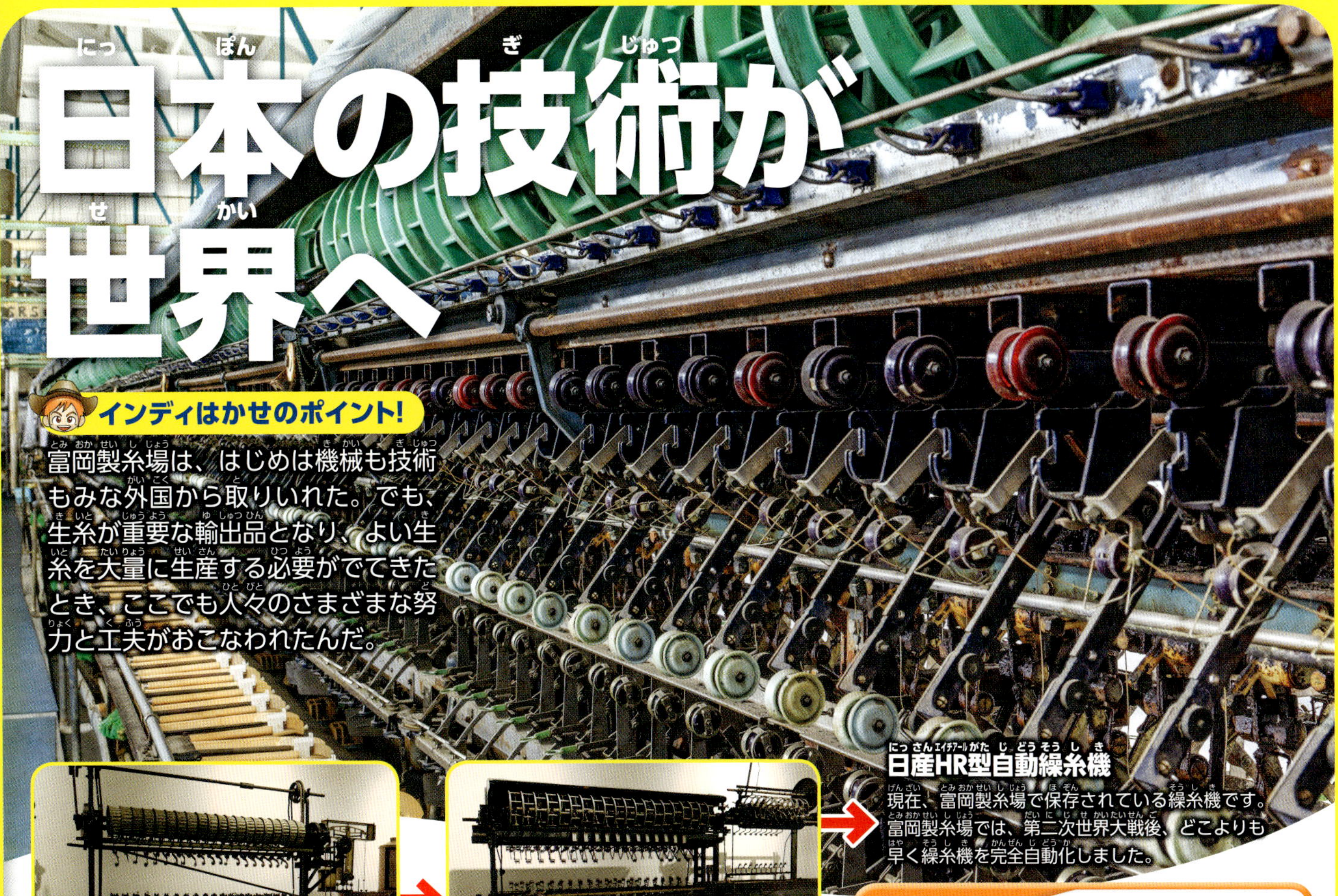

インディはかせのポイント!

富岡製糸場は、はじめは機械も技術もみな外国から取りいれた。でも、生糸が重要な輸出品となり、よい生糸を大量に生産する必要がでてきたとき、ここでも人々のさまざまな努力と工夫がおこなわれたんだ。

日産HR型自動繰糸機

現在、富岡製糸場で保存されている繰糸機です。富岡製糸場では、第二次世界大戦後、どこよりも早く繰糸機を完全自動化しました。

御法川式多条繰糸機　提供:岡谷蚕糸博物館

まゆから糸を取る速度をおそくするかわりに、ひとりが取れる糸の本数を5倍にしました。世界でも高い評価を得た繰糸機です。

増澤式多条繰糸機　提供:岡谷蚕糸博物館

まゆをにるなべを大型化した機械で、第二次世界大戦後は全国の約70%の製糸場で使われました。

機械と人の合わせわざ!

生糸の大量生産を可能にしたのが、機械の改良と開発です。新しい機械を生みだし、その機械を自動化していくことで、日本は世界の絹産業をリードしたのです。機械が自動化されても、原料となるよいまゆを選ぶ作業は、仕事になれたベテランの技術が必要です。

提供:片倉工業株式会社

左は大正時代。右は現代で、まゆはベルトコンベアーで流れてきます。

機械と人の力が合わさったから、日本が世界をリードできたんだね!

クローズアップ! 蚕はカイコガ

蚕は、カイコガという昆虫です。大昔から人にかわれていて、野生のものはいません。成虫は飛べず、またなにも食べません。

クローズアップ! むだにしません大切な命

糸を取ったあとの蚕のさなぎは、捨てずにコイのえさにしたり、佃煮にしたりと、けっしてむだにすることなく、利用します。

世界的建築家が残したふしぎの館

国立西洋美術館

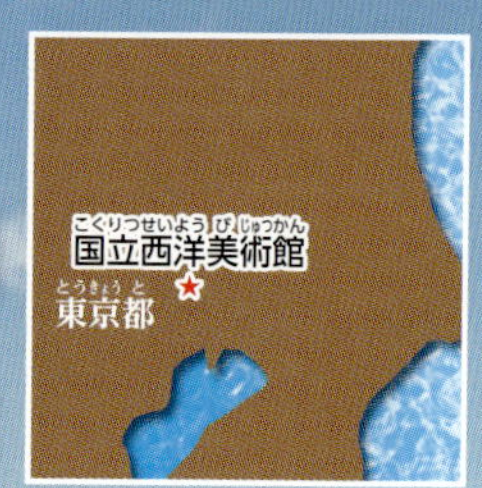

■ル・コルビュジエの建築作品-近代建築運動への顕著な貢献- ■文化遺産 ■2016年
■東京都台東区

日本

ピロティという空間

柱で建物を持ちあげてできた空間をピロティといいます。ル・コルビュジエが設計した建築の特ちょうのひとつです。
提供：国立西洋美術館

高さのちがう天井

２階展示室は、高い天井と低い天井が組みあわさっています。高い天井は白く、低い天井は黒で塗られていて、空間の広がりや変化を楽しめます。提供：国立西洋美術館

美術館のふしぎを探せ！

インディはかせのポイント!

国立西洋美術館は、ル・コルビュジエという世界的に有名な建築家の設計によって建てられたんだよ。ル・コルビュジエが設計した世界６か国にあるほかの16の建築物とともに世界遺産に登録されたんだ！

 ■正式名称 ■遺産の種類 ■登録年 ■地域名

使われない階段

現在は使われていない外階段です。この美術館は、必要におうじて建てましていく「無限成長美術館」というル・コルビュジエの考えのもとにつくられ、この外階段はその出入り口でした。

提供:国立西洋美術館

三角屋根

屋上には、外からは目立たない三角形の屋根があります。その屋根にあけられた窓も三角形になっていて、建物の中に外の光を取りいれてホールを明るくします。

室内に立ちならぶ柱

壁をへらし、柱で建物をささえて、広く自由な空間をつくりだしています。柱は自然の木で型を取っているので、木目がついています。

ジグザグスロープ

ふつうの階段ではなく、スロープがジグザグとおりかえして上っていきます。歩くにつれて、景色や作品の見え方がゆっくりとかわっていくのを楽しめます。

Q ル・コルビュジエってどんな人?

A ル・コルビュジエ(1887—1965)はスイス生まれの建築家。鉄筋コンクリートを使った伝統にしばられない建築をめざし、「近代建築の五原則」をとなえて20世紀の建築に大きな影響をあたえました。

ロンシャンの礼拝堂(フランス)

身長183cmが基準「モデュロール」

「モデュロール」とは、ル・コルビュジエが考えだした建築の物差しで、男性の身長183cmをもとにしています。国立西洋美術館の天井の高さもモデュロールで計算されていて、全体にまとまった印象が生まれています。

日本人の心にいつも高くそびえる山

富士山

■富士山―信仰の対象と芸術の源泉 ■文化遺産 ■2013年
■山梨県富士吉田市、身延町、鳴沢村、富士河口湖町、山中湖村、忍野村、静岡県静岡市、富士宮市、富士市、裾野市、御殿場市、小山町

日本

インディはかせのポイント!

富士山はだれでも知っている日本一高い山だ！ 本州のほぼ真ん中にあって標高は3776mだよ。昔から多くの人に親しまれ、さまざまな関心を集めてきたし、日本の文化にも大きな影響をあたえているんだ。

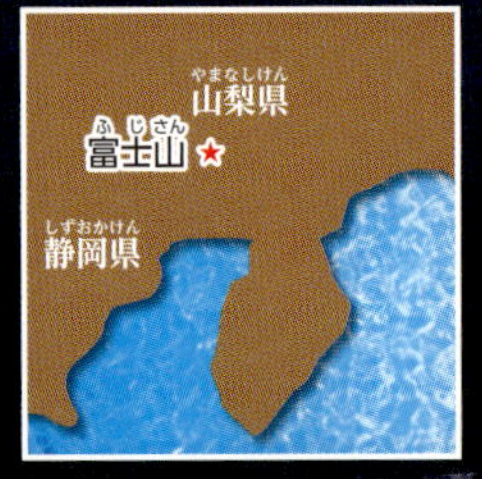

Q 富士山の名前の由来は?

A いろいろな説から、かぐや姫の説を紹介します。ひとつは、かぐや姫が月に帰るときに帝に渡した「不死」の薬からついたとする説。もうひとつはその薬を月にいちばん近い山でもやすため、たくさん(富)のつわもの(兵士)が山にのぼったからという説です。

「竹取物語絵巻」に描かれた富士山。所蔵:立教大学図書館

■正式名称 ■遺産の種類 ■登録年 ■地域名

本栖湖のさかさ富士

湖の水面に富士山が上下さかさまにうつる景色を「さかさ富士」といいます。富士五湖のなかでも、本栖湖のさかさ富士は千円札や旧五千円札にも描かれています。

描けば必ず大ベストセラー！？

富士山は、昔からたくさんの芸術作品に描かれていて、それが世界遺産になった理由でもあります。江戸時代には、葛飾北斎や歌川広重などの浮世絵作品が大人気でした。とくに北斎の『富嶽三十六景』はあまりの人気で、10景が追加されて46景になりました。

『富嶽三十六景』に描かれた「東海道江尻田子の浦略図」。

現在の田子の浦の風景。北斎が見たころとは大きくかわりました。

信仰やうやまいの対象に

富士山は昔、何度も噴火をくりかえしていたため「神の山」としておそれうやまわれていました。噴火をしずめるために建てられたのが浅間神社です。噴火がおさまったあとは仏教と結びつき、富士山に極楽浄土があると考えられるようになって、多くの人の信仰を集めました。

富士山本宮浅間大社（富士宮市）。

富士信仰を描いた「絹本著色富士曼荼羅図」。

所蔵：富士山本宮浅間大社

人はみな富士山をめざす

インディはかせのポイント!

富士山のような高い山が、ひとつだけでそびえているのは世界でもめずらしいんだ。目的はかわっても、いまも昔もたくさんの人が富士山にのぼろうと集まってくるんだよ。2017年の夏には約28万人が八合目までのぼっているんだ。

Q 富士登山にかかる時間は?

A 富士山は、登山口である五合目から山頂まで、ルートによってちがいますが、5〜8時間はかかります。ふつうは山中1泊2日の道のりなのです。ところが、毎年夏におこなわれる富士登山競走では、ふもとの富士吉田市内から山頂まで、なんと2時間27分でのぼった人がいます。

現在の富士山

富士山が見える最遠の場所は？

A 昔は富士山にのぼらず、ながめてお参りする方法もありました。では、富士山が見えるもっとも遠い場所はというと、約322㎞はなれた和歌山県です。最北端は福島県、最南端は八丈島です。

和歌山県那智勝浦町色川富士見峠より

撮影:仲賢、京本孝司

夏の夜には、富士山にのぼる人の明かりが、遠くからでもわかります。

江戸時代の富士山

江戸時代末期に描かれた富士講の浮世絵「富士山諸人参詣之図」。

所蔵:山梨県立博物館

江戸時代と同じことをしている？

江戸時代は、信仰にもとづいた「富士講」という登山が大流行していました。現在の登山者の目的はさまざまですが、多くの人が山頂で「御来光（日の出）」を見て、火口のまわりを歩く「お鉢めぐり」をしています。これらは、どちらも富士講の宗教的なならわしが由来です。

富士山本宮浅間大社の奥宮

富士宮口登山道をのぼりつめた山頂にあります。

富士山

噴火が世界遺産をつくった！

日本

貞観大噴火

平安時代の864年（貞観6年）におきた、記録に残るいちばん大きな噴火で、数か月つづきました。大量の溶岩が流れだし、北のふもとにあった「せのうみ」という湖をうめて、現在の西湖と精進湖ができました。溶岩は森や人家ものみこみ、大きな被害を出しました。

インディはかせのポイント！

富士山は噴火をくりかえして大きくなり、流れでた溶岩が、湖や滝、洞窟などの地形を生みだしたんだ。現在の美しい円錐形になったのは約１万年前だよ！　このような富士山に育まれた信仰や芸術などの文化が世界遺産になっているんだ。

クローズアップ！ 胎内樹型と風穴のちがい

胎内樹型

胎内樹型（溶岩樹型）は、流れでた溶岩におおわれた木が、溶岩が冷えてかたまる間にもえつきてできた洞窟です。富士講では、この洞窟のなかでもとくに人の胎内のように見えるものを、信仰の対象としました。

風穴

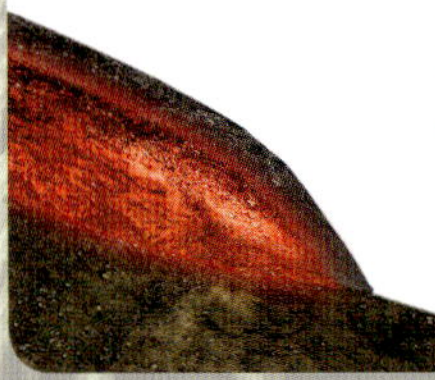

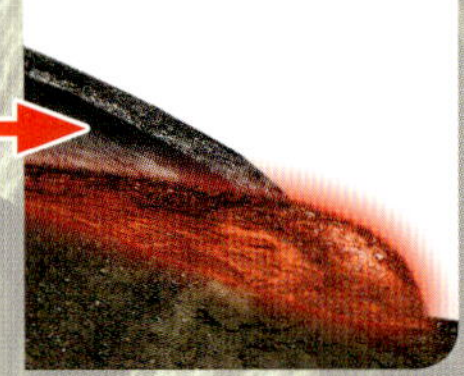

風穴（溶岩トンネル）は、流れる溶岩の、空気にふれる上部が先に冷えてかたまり、内部だけが熱いまま流れていったことでできた洞窟です。

船津胎内樹型

17世紀に発見されました。富士講ではここを女性の胎内に見立て、富士山にのぼる前に中を歩いて、生まれかわる気持ちで身を清めました。

富岳風穴

貞観大噴火でできた風穴で、長さは約201mあります。内部の平均気温が3℃と低く、昔は蚕の卵の保存場所にも使われました。国の天然記念物です。

白糸の滝

流れが白い糸のようなのでこの名前がつきました。富士山のわき水が、水を通す新しい溶岩層と、水を通さない古い溶岩層の間から流れおちています。

Q 富士山はまた噴火するの？

A 富士山が最後に噴火したのは約300年前、1707年の「宝永大噴火」ですが、けっして活動をやめたわけではありません。世界では500年以上たってから噴火した例もあり、つぎにいつ噴火するかはわからないのです。もし、宝永大噴火ほどの噴火がおきたら、現在でも大きな被害が出るでしょう。

噴火後の貴重な資料「富士山宝永噴火絵図」の「夜乃景気」。

大きく口をあけた宝永火口。

提供:静岡県立中央図書館歴史文化情報センター

青木ヶ原樹海

貞観大噴火で流れた溶岩の上に、木が育ってできた原生林です。常緑広葉樹が多く、一年中緑色で、海のように広がっているので樹海と名前がつきました。

富士五湖

本栖湖、精進湖、西湖、河口湖、山中湖を指します。富士山のたびかさなる噴火で、大きな湖が分けられたり川がせき止められたりしてできた湖です。

一度も大陸とつながったことのない島々

小笠原諸島

■小笠原諸島 ■自然遺産 ■2011年 ■東京都小笠原村

インディはかせのポイント!

小笠原諸島は、東京湾から南へ約1000kmの太平洋上に散らばる30ほどの島々だ。そんな遠くにあっても東京都だよ。海底火山の噴火で生まれ、一度も大陸と地続きになったことがない海洋島なんだ!

父島の風景

小笠原諸島の玄関口、父島の二見港。東京から二見港までは、船で24時間かかります。小笠原諸島で人がくらしているのは父島と母島だけ。それ以外の島は無人島です。世界遺産に登録されているのは、父島列島、母島列島と、聟島列島、北硫黄島、南硫黄島、西之島で、総面積は約79㎢です。

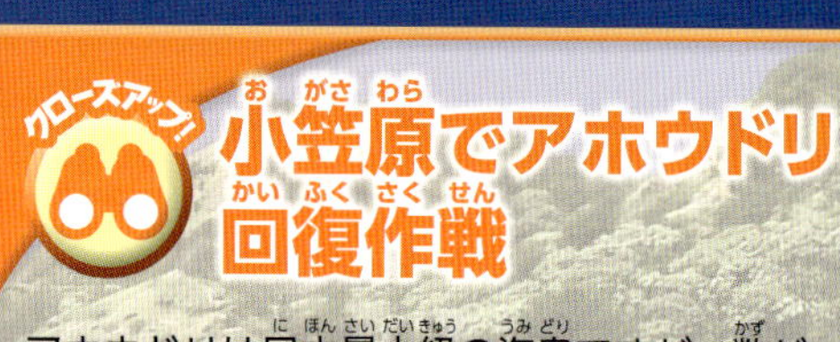

小笠原でアホウドリ回復作戦

アホウドリは日本最大級の海鳥ですが、数がへって、いまでは世界でも数か所の島でしか繁殖していません。繁殖地のひとつ伊豆諸島の鳥島は火山が噴火する心配があるため、昔の繁殖地であった小笠原の聟島に繁殖地を復活させるこころみが、2008年からおこなわれています。

アホウドリ

提供:山階鳥類研究所

アホウドリは、生まれ育った島にもどって繁殖するので、鳥島から聟島へヒナをはこび、そこで巣立ちさせます。

みどころ

海鳥の楽園

小笠原諸島では、14種類の海鳥が繁殖しています。これらのなかには、絶滅のおそれがあるクロアシアホウドリなど、世界的に大切な種もいます。もっとも繁殖場所が多いのは、カツオドリです。

カツオドリ

小笠原諸島でいちばん目にする海鳥です。大きな翼を広げ、はばたかずにすべるように飛び、空中からダイビングをして海中の魚をとらえます。

クロアシアホウドリ

小笠原諸島では聟島などで繁殖しています。アホウドリとはちがい体は灰色で、名前のとおり脚が黒色です。翼を広げると2m前後になります。

ザトウクジラ

12月〜5月、繁殖のために小笠原の海にやってきます。ホエールウォッチングでは、大ジャンプ(ブリーチング)を観察できます。

みどころ

クジラの楽園

小笠原諸島の海では、多くのクジラやイルカを見ることができます。これまでにマッコウクジラやミナミハンドウイルカなど、約20種が確認されていて、クジラにとって北太平洋での重要な生息地になっています。

小笠原諸島

固有種の島

インディはかせのポイント!

小笠原諸島の島々は、生きものの種類や数が多い島ではない。でも、確認されている生きものの多くは、小笠原諸島にしかいない固有種なんだ！なかでも昆虫の約25％、コケ類と藻類をのぞいた植物の約40％が固有種だよ！

日本

Q なぜ固有種が多いの?

A 海洋島である小笠原諸島の生きものの祖先は、ぐうぜん島にたどりついた、ごく少数の生きものです。それらが、大陸とはちがう環境で、大陸の近い種類の生きものと交わることなく、独自に進化してきたため、固有種が多いのです。

アカガシラカラスバト

カラスバトのなかまで、名前のとおり、頭部が赤茶色をしているのが特ちょうです。諸島全体で数十羽しかいないと考えられています。

テナガカニムシ

クモに近い生きもので、体長が5㎜以上あり、世界最大級のカニムシです。オス(右)は触肢の長さが体長の3倍にもなります。

ムニンヒメツバキ

島ではロースードとよばれ、「バラのような花がさく木」という意味です。初夏に枝先に白い花がまとまってさきます。

ルリカメムシ

海岸近くで見られるカメムシで、あざやかな瑠璃色をしているのが特ちょうです。

オガサワラオオコウモリ

外来種をのぞいて、小笠原諸島ではゆいいつのほ乳類です。花のみつや果実を食べています。

オガサワラトカゲ

ほかの多くのトカゲとちがい、透明なまく状の下まぶたが上まぶたにくっついて、目をおおっているのが特ちょうです。

クローズアップ!

小笠原をむしばむ外来種

近年、小笠原諸島の自然は、外から持ちこまれた生きもの・外来種によっておびやかされています。小笠原の固有種は外来種にくらべて競争力が弱いことが多く、食べられたり、生息地をうばわれたりする問題がおきています。現在、小笠原では、人々が努力して、問題の解決に取りくんでいます。

固有種のオガサワラゼミを食べる外来種のグリーンアノール。固有種の昆虫にはおそろしい相手です。

野生化したヤギが植物を食いあらすので、つかまえて取りのぞいています。

小笠原諸島

いまも生物進化が進む島

日本

インディはかせのポイント!

小笠原諸島は、島ごとに少しずつ雨の量などがことなり、多様な環境があるんだ。そのなかで、とくに大きな進化をとげたのがカタツムリ(陸産貝類)だ。日本にいる約800種のカタツムリのうち、小笠原諸島には約100種がいて、その94%が固有種なんだよ!

ヒメカタマイマイ

生息地は母島北部。標高が高い場所に多く、林の樹上を利用しています。からの帯模様はさまざまで、ないものもいます。

コガネカタマイマイ

生息地は母島中部・南部。ややかわいた林で見られ、林内の地表を利用しています。からの色はさまざまで、1~3本の帯模様があります。

ヌノメカタマイマイ

生息地は、母島、向島、姉島。しめり気のとても多い林で見られます。落ち葉の下などの地中を利用しています。からの形や模様は生息地によってちがいます。写真は母島のもの。

ヒシカタマイマイ

生息地は母島。標高の高いしめった林に見られ、樹上から地表まで利用しています。からに帯模様はありません。

クローズアップ!

カタマイマイの進化

小笠原諸島のカタツムリの代表が、固有種で、かたいからをもつカタマイマイです。絶滅種も合わせて32種がいますが、それらは島にたどりついたひとつの種が、環境に合わせて、樹上性や地上性の種などに進化したのです。

Q カタマイマイはどうやって小笠原にきたの?

A カタツムリは、からの入り口にまくをはり、物にくっつくことができます。こうして乾燥にたえ、さらになにも食べずに体の活動を弱めたまま過ごすこともできます。これらの理由から、カタマイマイの祖先は、流木などにくっついて海上をただよい、ぐうぜん小笠原の島々にたどりついたと考えられています。

ヒロベソカタマイマイの化石

約300年前に絶滅した種で、南島の砂浜に落ちています。

海底火山の噴火で、小笠原諸島が生まれます。

流木とともに海をただようカタツムリ(鳥にはこばれたという説もあります)。

島にたどりついたカタツムリ。近年の研究で、カタマイマイの祖先は、日本の代表的なカタツムリのなかまとわかりました。

クローズアップ! 大昔の小笠原!? 西之島

小笠原諸島は、約4800万年前の海底火山の活動によって生まれました。火山活動はいまもつづいていて、西之島では、1973年に海底火山が噴火して新しい島ができました。さらに2013年の噴火後に生まれた島はどんどん大きくなって、もとの西之島をおおいつくし、面積は噴火前の約12倍になっています(2018年1月現在)。

提供:東京大学地震研究所 渡邉篤志

西之島の調査。噴火後の島がどのように変化していくかを知るために必要です。

雪国につくられた三角屋根の巨大な家

合掌造り

■白川郷・五箇山の合掌造り集落 ■文化遺産 ■1995年
■岐阜県白川村、富山県南砺市

日本

インディはかせのポイント!

岐阜県の白川郷や富山県の五箇山には、大きな三角屋根の家が建ちならぶ3つの集落があって、そこが世界遺産に登録されているんだ！　この大きな三角屋根……合掌造りという方法でつくられた家には、雪の多い地帯ならではの知恵がつまっているよ。

クローズアップ! 合掌造りにもいろいろある

合掌造りの屋根には3種類あります。本を開いてふせたような形の切妻造が代表的ですが、切妻造下部の四方に屋根の面がある入母屋造や、切妻造にひさしがついた形のものがあります。

切妻造にひさしをつけた合掌造り。

提供:桜香の湯

岐阜県高山市荘川町に多い入母屋合掌造り。

白川村荻町集落の合掌造り。

これが切妻合掌造り家屋なんだって！

みどころ

ここが合掌造り集落

岐阜県白川村にあり、３つの集落のなかで最大。60棟の合掌造り家屋があります。

富山県五箇山の山間にある集落で、20棟の合掌造り家屋があります。

五箇山の庄川沿いにある集落で、９棟の合掌造り家屋があります。

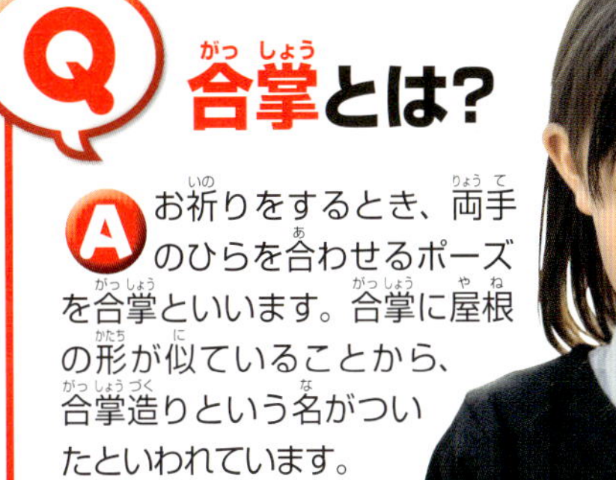

Q 合掌とは?

A お祈りをするとき、両手のひらを合わせるポーズを合掌といいます。合掌に屋根の形が似ていることから、合掌造りという名がついたといわれています。

合掌造りのしくみ

インディはかせのポイント!

合掌造りの家屋は屋根を急な角度にすることで、内側に大きな空間が生まれるんだ。その広い屋根裏を何段かに区切り、4〜5階建ての建物と同じような構造にしているよ。こうしてできた屋根裏部屋をどう使ったのかな？

屋根は茅(ススキやチガヤ)という植物を材料にしています。

2〜4層に分かれた屋根裏は、蚕をかい、生糸をつくる養蚕業に使われました。

白川郷では、建物を南北の向きに建てて、日当たりと室内への風通しをよくしています。

1階は生活空間です。囲炉裏から出るけむりやすすは、虫を防いだり建材を丈夫にします。

雪の重みで曲がって育った樹木の形をそのまま生かして梁に使っています。これをチョウナバリとよびます。

屋根の材料を新しいものに取りかえる「ふきかえ」は、30〜40年に一度おこなわれる、とても大変な作業です。

屋根のふきかえに使う茅は茅場で育て、かり取ったあとは、かわかして大切に保存しておきます。

急な屋根は雪を積もりにくくするはたらきがあります。しかし、雪下ろしをするときは大変です。

クローズアップ！

合掌造り家屋は火薬工場だった!?

江戸時代、この地をおさめていた加賀藩は火薬の原料、塩硝をつくっていました。幕府などに見つからないよう、塩硝づくりは山奥にある合掌造り集落でおこなわれていたのです。

蚕のふんや植物くずを土にまぜ、塩硝土をつくります。塩硝が取れるようになるまで5年ほどかかります。

▼寝かせておいた水をにつめると塩硝が取れます。

▲おけに入れた塩硝土に水を加えて一夜寝かせ、そこから染みだした水をさらに寝かせます。

みどころ

助けあい…合力と結

人手が必要なとき、合掌造り集落の人々は、無条件で手伝いをする「合力」や、同じ立場で労働力を貸し借りしあう「結」という決まりで助けあいます。

「結」は、田植えや合掌造り家屋の屋根のふきかえのときにおこなわれました。

Q なんで大きな家をつくったの？

A 雪が多く平地の少ない土地で、仕事をするための場所をたくさん確保する目的が大きかったようです。合掌造り家屋では、1階で和紙や塩硝をつくり、屋根裏では養蚕をするなど、いくつもの作業をおこなっていました。養蚕業がさかんになると、合掌造り家屋も次第に大型化していったようです。

山深い農村の人々にとって、養蚕は重要な収入源でした。

五箇山の合掌造り家屋で昔からつくられていた五箇山和紙は、富山県の伝統工芸品です。

1000年以上も日本の中心でありつづけた都市

古都京都

■古都京都の文化財（京都市、宇治市、大津市）■文化遺産
■1994年 ■京都府京都市、宇治市、滋賀県大津市

日本

インディはかせのポイント!

794年に平安京ができてから明治時代に東京が首都になるまで、京都は1000年以上もの間、日本の文化・政治・経済の中心だったんだ。神社や寺院など、古い時代のものや新しい時代のものが入りまじって、歴史を直に見て感じることができるんだよ！

琵琶湖
古都京都
大阪湾

東寺の五重塔と京都タワーは、どちらも京都のシンボルだね！

①東寺（教王護国寺）

平安京とともに建てられた国立の寺で、823年に空海にあたえられ真言宗の総本山になり栄えました。江戸時代に建てなおされた五重塔は、高さ約55m。木造の塔では日本一の高さで、京都をおとずれた人々の目を引いています。

東寺の金堂

京都はどんな都だったの？

A 平安京は、唐の都・長安をモデルにしてつくられました。東西約4.5km、南北約5.2kmの四角形で左京と右京に分けられ、碁盤の目のように区分けされていました。都の中央北には天皇の住まいや役所がある大内裏がありました。

大内裏
右京
左京
朱雀大路

京都市内の住所には「上る・下る」「西入・東入」というめずらしい表示がありますが、これも平安京の町に由来し、大内裏の方角が「上る」になります。

注目人物

たたりをおそれて都を移した？
桓武天皇

桓武天皇は平安京に都を移しました。しかしその前に、平城京から長岡京（現在の京都府長岡京市付近）に都を移しました。長岡京は交通に便利な土地でしたが、10年しか使われませんでした。２回もの大洪水や病気の大流行が、死に追いやった弟、早良親王のたたりだと天皇はおそれました。洪水が何度もおきる場所は都にふさわしくないとも考えて、平安京に都を移したのでしょう。

早良親王の墓とされる八嶋陵（崇道天皇陵）

長岡宮跡
国の史跡に指定されています。

祖父と孫、京都の競演

インディはかせのポイント!

室町時代の京都では、伝統的な貴族文化に、武家の文化と大陸から伝わった禅宗の文化が混じりあった、新しい文化が生まれたんだ。それに深く関係するのが室町幕府の将軍で、足利義満とその孫にあたる足利義政だよ！

②鹿苑寺（金閣寺）

足利義満の屋敷、北山殿の建物で、義満の力を見せつけるため、全体が金ぱくで飾られています。北山殿は義満の死後、寺になりました。1950年に放火で焼失し、1955年に再建されました。

金閣は３階建て。１階は、貴族の住宅のつくり方である寝殿造、２階は鎌倉時代の武家造、３階は禅宗の仏殿風でつくられています。ちがう文化がひとつに調和した、すぐれた建築です。

鏡湖池を中心にした庭園は、鎌倉時代につくられたものを義満が新たにつくりかえました。

注目人物

富と力をにぎった室町将軍

足利義満

室町幕府３代将軍足利義満は、将軍として各地の大名をおさえつけ、朝廷でも最高位の太政大臣になりました。また貿易で大きな利益を得て、明の皇帝から「日本国王」とよばれるなど、天皇にも勝るほどの有力者となったのです。

注目人物

祖父のようにはなれなかった

足利義政

８代将軍足利義政は政治に関心をもたず、芸術を好んで歌の会や茶会を楽しみました。その結果、各地の大名が権力を争うようになり、応仁の乱という大きな戦乱をまねきました。

古都京都

京都をさわがせた戦国大名

日本

インディはかせのポイント!

戦国時代から安土桃山時代になると、有力な大名は朝廷の影響力を利用して天下に号令をかけるために、京都をめざしたんだ。なかには京都を大きくさわがせた大名もいるよ!

釈迦堂(転法輪堂)

延暦寺でもっとも古い建物です。1347年に建てられた別の寺の建物を、1595年に豊臣秀吉が移築させたものです。

注目人物

古い権力を焼きすてた

織田信長

天下統一をめざして京の都に入った織田信長にとって、都の近くで広い領地と僧兵という軍事力をもち、信長と対立する大名に味方する延暦寺は、じゃまな存在でした。そこで信長は、1571年に延暦寺を攻めて、多くの建物を焼きはらいました。

④延暦寺

最澄が788年に比叡山に建てた寺が始まりで、京の北東を守っています。山全体が巨大なひとつの寺であり、天台宗の総本山になっています。

最盛期には仏堂などが3000もあったといわれ、現在も約100の建物が山中に点在しています。

根本中堂

延暦寺全体の本堂です。信長によって焼かれ、江戸時代に再建されました。

⑤醍醐寺

平安時代に建てられた寺院です。戦乱で大きな被害を受けますが、秀吉の助力によって建物や庭を整備し、現在のすがたになりました。

醍醐寺は、春の桜だけでなく、秋の紅葉の名所としても知られています。願いはかないませんでしたが、秀吉も醍醐寺での紅葉狩りを楽しみにしていたようです。

高さ38mの五重塔は、つくられた当時のまま残っているゆいいつの建物で、国宝に指定されています。

秀吉は関白になり、天下統一を目前にした1587年に、京都の北野天満宮で大茶会を開きました。身分に関係なく参加でき、そのときは約1000人が集まったといわれています。

注目人物

最後までは華やかに

豊臣秀吉

1598年、豊臣秀吉はその死の５か月前に、醍醐寺で1300人をまねいた盛大な花見（醍醐の花見）を開きました。そのために700本の桜が植えられたといわれています。

古都京都

まだある京都の世界遺産

日本

インディはかせのポイント!

長い歴史があり、その文化や信仰を大切にしてきた京都には、神社仏閣が2000以上も残っているんだ。世界遺産に登録されているのは、そのほんの一部だけど、京都を知る第一歩としてたずねてみよう！

888年(仁和4年)につくられたのが名前の由来です。明治時代になる前は、代々、皇室出身者が住職になった位の高い寺院でした。

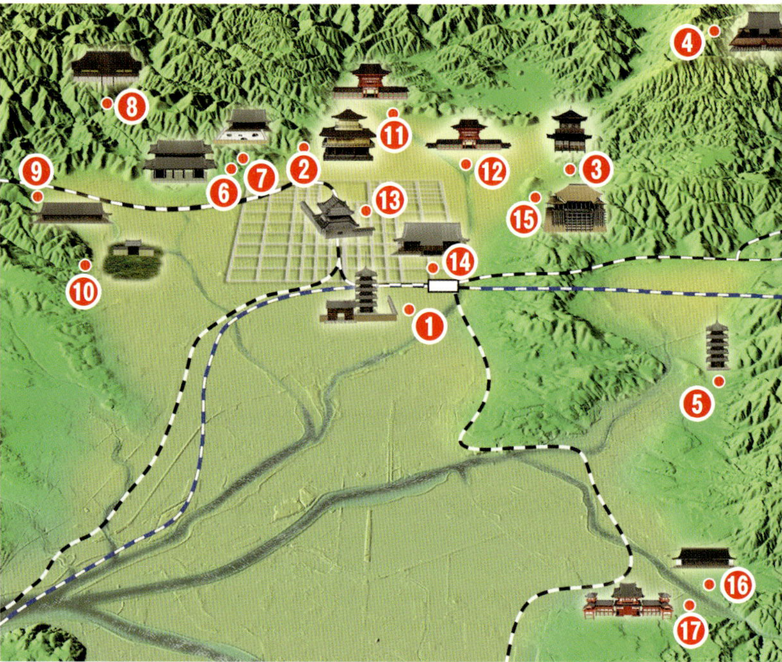

この寺の石庭は、余分なものを取りのぞいてつくられ、見る人が自由に理解し考えをめぐらせる庭として世界的に有名です。

⑨天龍寺

足利尊氏によって建てられました。池のまわりに石や木、人工的な山などを配してつくられた庭園が有名です。

日本最初のマンガは京都発!?

クローズアップ!

高山寺は、奈良時代に建てられた寺院を、鎌倉時代に明恵上人が再興したものです。この寺に伝わっている国宝『鳥獣人物戯画』は、人に見立てたウサギやカエルなどの動物が、まるでマンガのように生き生きと描かれています。

所蔵:高山寺／提供:東京国立博物館

雷神を祭った神社で、賀茂御祖神社とともに平安京を守るために建てられました。建物の前にある円錐形の「立砂」は、神様が天下った「神山」をかたどっています。

賀茂別雷神社とともに古い歴史をもち、有名な葵祭はこのふたつの神社の祭礼でした。毎年1月4日には蹴鞠はじめの行事がおこなわれます。

織田信長と争うほど力があった浄土真宗の寺院で、国宝の建物や部屋が数多く残されています。

1603年に徳川家康が京都で過ごすときの城として建て、その後、孫の徳川家光がいまのすがたに整えました。

平等院を守る神社として栄えました。本殿は国宝で、平安時代の後期に建てられた日本最古の神社建築です。

みどころ

清水の舞台から飛びおりる！

清水寺は、1200年以上の歴史をもつ寺院です。思いきって大きな決断をすることを「清水の舞台から飛びおりる」といいますが、そのことわざになった本堂の舞台は、太い柱をくぎも使わず、たて横に組みあわせる「懸造」という方法でつくられています。

「苔寺」として有名で、約120種ものコケが境内をおおい、緑のじゅうたんをしきつめたような美しさです。

クローズアップ！

お金に円（縁）がある鳳凰堂

平等院は、平安時代中期に貴族の別荘として建てられ、のちに寺院となりました。国宝の鳳凰堂は、10円硬貨に描かれていることは有名ですが、一万円札のうら面に描かれている鳳凰も平等院のものです。

提供:平等院

世界でもっとも古い木造建築物が残る!
法隆寺
■法隆寺地域の仏教建造物 ■文化遺産 ■1993年 ■奈良県斑鳩町
日本
インディはかせのポイント!
法隆寺は、聖徳太子が607年に建てたのが最初といわれている寺院だ。聖徳太子の死後、一度火事で焼けてしまったけれど、その後、奈良時代のはじめごろまでに、新しく建てなおされたんだって。
大講堂
さまざまな行事をおこなう建物です。もとは回廊の外側にありましたが、平安時代に火事で焼けて建てなおすとき、いまの位置になりました。
五重塔
寺院にある塔は、仏舎利(釈迦の骨)を収めるための建物です。高さは31.5mで、上にいくほど細くなっています。金堂、中門、回廊とともに飛鳥時代につくられました。
経蔵
経典(釈迦の教えを記した書物)を収めるための建物です。奈良時代に建てられました。
回廊
西院伽藍をかこむ廊下です。中門から東側の鐘楼、中央の大講堂、西側の経蔵をぐるりとつないでいます。
琵琶湖
法隆寺
大阪湾
■正式名称 ■遺産の種類 ■登録年 ■地域名

鐘楼

釣り鐘が収められている建物です。火事で焼け、平安時代に建てなおされました。

金堂

もっとも大切な仏像を収める、西院伽藍で最古の建物です。二重の屋根と、下層の屋根の下にある「もこし」というひさしが特ちょうです。

Q 聖徳太子が建てた法隆寺はいまとはちがっていた？

A 聖徳太子が最初に建てた法隆寺は、西院伽藍のすぐ近くで見つかった古い寺院跡だと考えられています。調査では塔と金堂の跡が南北にならんでいたことから、最初の法隆寺の伽藍は、いまとはちがう形式だったようです。

法隆寺の古い寺院跡は若草伽藍とよばれています。発掘調査がつづいていますが、まだ中門や講堂などの跡は見つかっていません。

中門

西院伽藍の入り口になる門です。柱は中ほどが少しふくらんでいて、入り口はふたつあるなど、飛鳥時代の古い形式でつくられています。

およそ1300年も前のすがたを残しているよ！

西院伽藍

もっとも古い建物が集まっているのが、西院伽藍です。伽藍とは寺院の建物の集まりのことで、法隆寺は塔と金堂が左右にならび、そのおくに大講堂がある、古い形式の伽藍です。

東院伽藍

西院伽藍の東側にある、法隆寺のもうひとつの伽藍です。奈良時代に建てられた夢殿などの建物があり、ここにも大切な仏像が祭られています。

法隆寺

聖徳太子ってどんな人？

インディはかせのポイント!

聖徳太子は、もとの名前を厩戸皇子という有力な皇族（天皇の一族）で、聖徳太子は死後におくられた名前と考えられているよ。おばにあたる推古天皇を助けて政治をおこない、多くの仕事をしたとされているけど、伝説的な部分もあるんだ。

日本

仏教の布教

大陸から伝わった仏教を信仰し、寺院を建てて、人々に仏教を教え、広めました。

憲法十七条

17の条文からできた、朝廷につかえる臣下や貴族に対する決まりごとで、聖徳太子がつくったとされています。

遣隋使の派遣

607年、中国の当時の王朝であった隋へ、天皇の手紙を持たせた小野妹子らを使者として送りました。

冠位十二階

朝廷の臣下の地位を、その役目などに合わせて12に分け、それを冠の色で示しました。日本ではじめて決められた冠位です。

豊聡耳命

聖徳太子は、多くの人に同時に話しかけられても、すべての話をちゃんと理解して、正しくたしかな返事をしたことから、豊聡耳命とよばれました。

みどころ

聖徳太子の建てた寺院

聖徳太子は、仏教を広めるために、法隆寺のほかに四天王寺や中宮寺など、7つの寺院を建てたといわれています。法起寺もそのひとつで、飛鳥時代に建てられた三重塔が残っています。

法起寺の三重塔

クローズアップ!

蘇我馬子はライバル?

物語でよく聖徳太子のライバルにされるのが蘇我馬子です。しかし、大臣という高い位についた有力者で、仏教を信仰するなど、実際には聖徳太子のよき協力者だったのかもしれません。

蘇我馬子の墓とされる石舞台古墳

五重塔を大研究！

相輪

屋根の上に立つ金具で、それぞれ意味がある７つの部品でできています。仏教が始まったインドでは、仏舎利はストゥーパという建物に収められました。これが中国や日本に伝わって塔になり、仏舎利も地下などに収められるようになりました。もとのストゥーパの役目は相輪が受けついでいます。

いちばん上の玉が、仏舎利を収める宝珠。炎形のかざりは水煙で、火をさける意味があります。

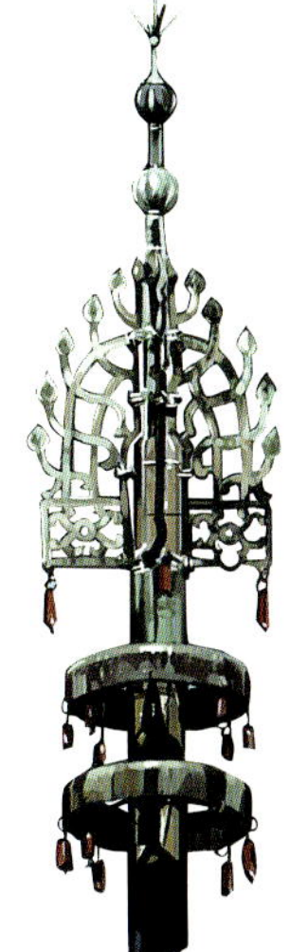

心柱

塔の中心にある太い１本の柱で、相輪をささえています。木の種類はヒノキで、太さは約78㎝あり、塔のなかでいちばん太い柱です。

塔本四面具

いちばん下層の心柱の四方には、お釈迦様に関する伝説の一場面が、粘土の像でつくられています。

撮影:飛鳥園

肘木と斗

屋根ののき下にある飾りのような部分で、屋根をささえています。雲のような形をしたのが肘木で、それとたがいちがいに組み合わさっているのが斗です。

邪鬼の柱

邪鬼とは、人にわざわいをもたらす悪い神のことですが、五重塔では屋根をささえています。

基壇

塔の建つ壇。地面にもりあげた土を、ついたりたたいたりしてかため、石でまわりをかこんで、強度を高めています。

仏舎利

釈迦の骨やそれにかわる宝物のことで、五重塔の地下に、ガラスや金銀でできた容器に入れて収められています。

心礎

心柱の土台になっている石です。地下３mにあり、そこに仏舎利も収められています。

1300年前に生まれた国際的な都

古都奈良

■古都奈良の文化財 ■文化遺産 ■1998年 ■奈良県奈良市

日本

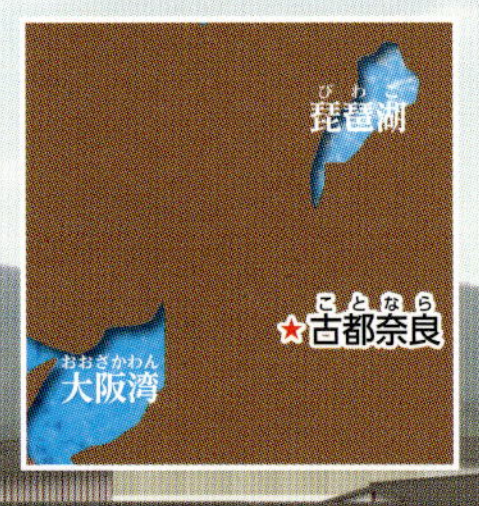

インディはかせのポイント!

1300年前には奈良に日本の都があったんだ。奈良の都・平城京は710年につくられ、政治・経済・文化は、奈良が日本の中心だったんだよ。当時の国際都市・唐(中国)との交流を通して、その後の日本文化に大きな影響をあたえたんだ。

当時の平城京 朱雀門前のようす

朱雀門は、天皇の住まいや役所のある平城宮の正門です。前には、幅74mの朱雀大路が4kmものび、門前はとてもにぎわっていたようです。

Q 平城京ってどんな都だった?

A 唐の都・長安をモデルにつくられた、新しい都です。碁盤の目のように東西南北に道路が整備され、町には10万人以上もの人がくらしていました。外国との人や物の交流もさかんで、唐やインドから仏教僧がきていただけでなく、宮中の役所でペルシャ人がはたらいていたこともわかっています。

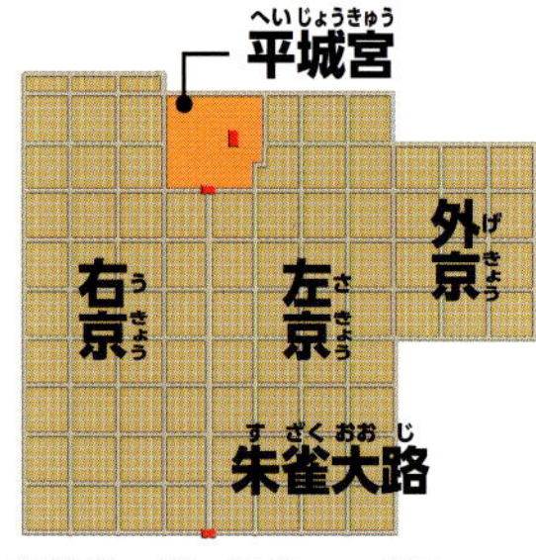

長方形の都の東側に、外京があるのが特ちょうです。

正倉院宝物

螺鈿紫檀五絃琵琶

五絃琵琶は、インドから伝わった楽器です。貝がらを使った螺鈿細工で飾られています。

瑠璃坏

こい青色のガラスでできたさかずき。シルクロードを通してもたらされた西アジアの技術が使われています。

正倉院宝物

朱雀大路は平城京のメインストリート！道というより広場みたいだね。

えらい人の屋敷跡から出てきたものは？

A 1988年、長屋王という皇族の屋敷跡から、3万5000点もの木簡が発見されました。木簡とは、木にすみで字や絵が書かれたもので、当時、貴重な紙のかわりに、人がメモや荷札として使っていました。木簡を調べると古代の人名や食べもの、仕事の内容や生活のようすなどがわかります。木簡は大切な歴史の記録なのです。

長屋王の名前が書かれた木簡。

提供:奈良文化財研究所

クローズアップ！ 平城京おもしろ出土品

平城京の水路跡を調べると、顔の描かれた土器が出てきます。これはまじないに使われて、水路に流されたものと考えられています。またトイレ跡からは、当時の人がおしりをふいた木切れが出てきます。そこから見つかる植物の種や寄生虫の卵で、当時の人の食生活や健康状態がわかりました。

提供:奈良文化財研究所

顔の描かれた土器。

提供:奈良文化財研究所

トイレ跡と木切れ。

古都奈良

奈良の大仏をつくれ!

日本

インディはかせのポイント!

奈良を代表する仏像である東大寺の大仏は、最初は聖武天皇の願いで、745年から7年間かけ、のべ260万人の協力でつくられたんだ! 正式な名前は「盧舎那仏」というよ。

見てみよう! DVD くらべてみよう 世界遺産 高いのはどっち? 東大寺の大仏とアチャナ仏

Q 大仏はどうやってつくったの?

1 木と竹でつくった骨組みの上に、土と漆喰を塗って原型をつくります。

3 ②の作業は、大仏を下から8段に分けて、土をもりながらおこないます。

4 銅がかたまったら土を取りのぞき、その後、台座と大仏殿をつくります。

5 最後に、大仏の全身に金を塗って完成させます。

原型の外側に粘土で型をつくり、原型には「型持」という道具をはめて、型との間にすきまをつくります。そのすきまに溶かした銅を流しこみます。大仏のまわりには、銅を溶かすための釜と、そこに空気を送る「たたら」という道具がならんでいました。

所蔵:東大寺

東大寺大仏殿（金堂）

大仏殿は、正面約57m、奥行き約50m、高さ約48mあります。柱や梁といった木材を組みあわせる日本の伝統的な建築方法で建てた建物としては、世界最大です。現在のものは3代目ですが、初代にくらべ横幅は3分の2の大きさです。

みどころ

まだある！　すてきな仏像

奈良にはたくさんの仏像があります。笑っているのか怒っているのか、ふしぎな表情をした興福寺の阿修羅像、顔つきもすがたも力強くたくましい東大寺の金剛力士像など、どの仏像も個性があふれています。ぜひ一度見てみましょう。

撮影:飛鳥園

阿修羅像（興福寺）

阿修羅は悪い神でしたが、心を改めて釈迦を守る神になりました。戦いの神ですが、興福寺の阿修羅像はまったくちがうすがたに見えます。

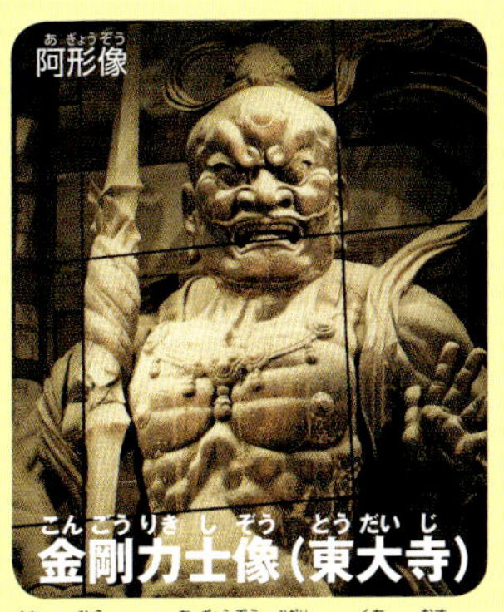
阿形像

吽形像

金剛力士像（東大寺）

口を開いた阿形像（左）と口を結んだ吽形像（右）の2体で一対とします。寺院の守り神として、仏の敵をにらみつけています。所蔵:東大寺

クローズアップ！

戦乱を乗りこえた大仏

所蔵:東大寺

大仏は、平安時代末と室町時代末に戦乱にあい、大きく傷つきました。現在の大仏のお顔と両手は江戸時代に修理されたもので、奈良時代につくられた部分、鎌倉時代、室町時代に修理された部分も残っています。

古都奈良

日本

まだある奈良の世界遺産

インディはかせのポイント!

平安京へ都が移されたあと、平城京のほとんどは田んぼや畑にされてしまったんだ。それでもおもな寺院や神社は現代まで残っているし、発掘も進められて、当時の建物が復元されたりしているよ。見どころがいっぱいの奈良を楽しもう！

①平城宮跡

平城宮跡は発掘調査がおこなわれています。そのなかでも、政治や儀式がおこなわれた第一次大極殿などが復元されているほか、そのほかの場所も史跡として整えられています。

クローズアップ! 苦労を重ねて来日した鑑真

鑑真は、唐(中国)の僧です。54歳のとき、朝廷からまねかれて来日を決めますが、何度も失敗して、失明までしてしまいます。鑑真はそれでもくじけず、12年後の6回目の挑戦で来日をはたし、仏教の教えを数多く伝えたのです。

鑑真が759年に建てた寺で、金堂は国宝に指定されています。

1300年以上の歴史がある寺院で、その美しさから竜宮城にたとえられました。三重塔の東塔は、ゆいいつ、つくられたときのまま残っています。

⑥東大寺 平城京や国を守り、平和な世界を築く願いをこめて建てられた寺院です。奈良時代はとても大きな寺院でした。

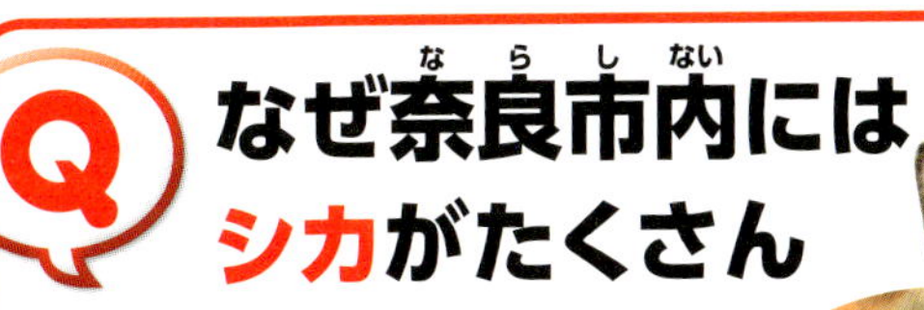

Q なぜ奈良市内にはシカがたくさんいるの？

A 奈良のシカは、昔から神の使いの神鹿として春日大社や興福寺によって大切に守られていました。いまでは、市内に約1200頭のシカがいるといわれています。

⑦春日山原始林

春日大社の神域とされ、昔から守られてきました。都市の近くにありながら、ゆたかな自然が残されています。

⑤元興寺

飛鳥時代の日本初の寺院・飛鳥寺を、平城京に移したものです。一部の屋根には、飛鳥時代のかわらが残っています。

⑧春日大社

平城京を守り、国の繁栄や人々の幸せを願うために建てられました。毎年3月におこなわれる春日祭も有名です。

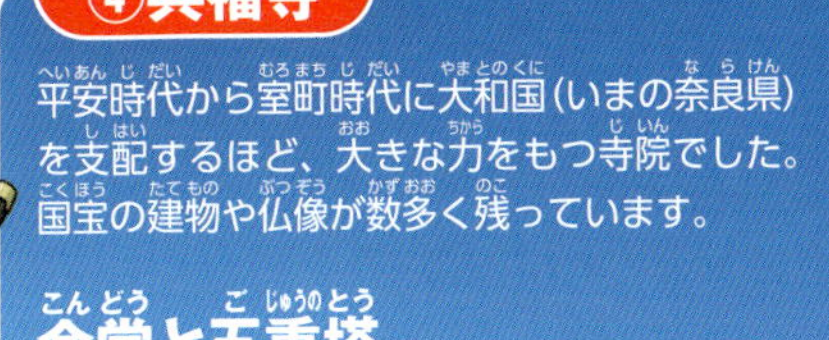

Q 奈良法師ってどんな人たち？

A 大きな寺院が、武士に僧の身分をあたえて、寺院の軍事力としたものを僧兵とよびます。興福寺も、大和国をおさめるようになると僧兵をもつようになり、その僧兵が奈良法師とよばれたのです。

④興福寺

平安時代から室町時代に大和国（いまの奈良県）を支配するほど、大きな力をもつ寺院でした。国宝の建物や仏像が数多く残っています。

3つの聖地とそれらを結ぶ道

紀伊山地の霊場

■紀伊山地の霊場と参詣道 ■文化遺産 ■2004年 ■三重県、和歌山県、奈良県

インディはかせのポイント!

山深く自然ゆたかな紀伊山地は、古代から聖地(霊場)とされ、「熊野三山」、「高野山」、「吉野・大峯」を中心に、多くの人たちが神道と仏教を分けへだてなく信仰してきた場所なんだ。まずは、熊野三山でおこなわれている、めずらしい祭りを見てみよう！

御燈祭り

毎年2月6日の夜、熊野速玉大社と関わりのある神倉神社でおこなわれます。千数百人の男たちが、もえさかる松明を手に急な石段をかけおりてくる、いさましい火の祭りです。

那智の扇祭り

「扇」というたてに細長い神輿と、大きな松明を使っておこなわれる熊野那智大社の火の祭りです。

■正式名称 ■遺産の種類 ■登録年 ■地域名

クローズアップ！ 海の向こうの浄土へ

補陀洛山寺は、平安時代から江戸時代におこなわれた補陀落渡海の出発地点でした。補陀落渡海とは、小さな船に30日分の食料を持って僧が乗りこみ、南海のかなたにある極楽浄土をめざし船出する、もどることのない命がけの修行です。

提供:那智勝浦町観光協会

復元された補陀落渡海船。

クローズアップ！ 自然崇拝から生まれた神社・熊野三山

熊野本宮大社　**熊野那智大社**　**熊野速玉大社**

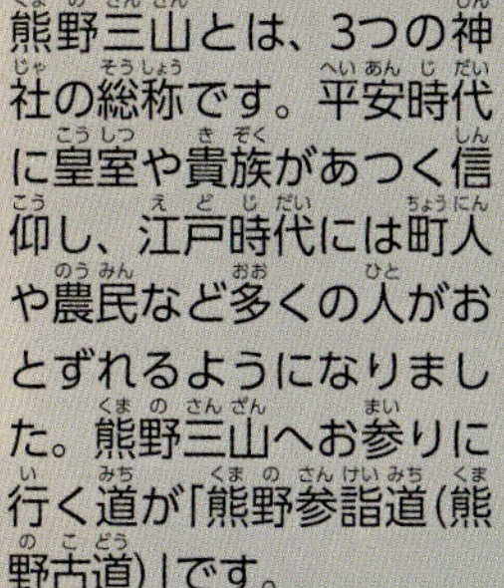

熊野三山とは、3つの神社の総称です。平安時代に皇室や貴族があつく信仰し、江戸時代には町人や農民など多くの人がおとずれるようになりました。熊野三山へお参りに行く道が「熊野参詣道(熊野古道)」です。

那智の滝。熊野三山はゆたかな自然と人の信仰が結びついた場所です。

平安時代の熊野詣の再現。後白河法皇は34回ももうでました。

熊野三山の神の使いは、3本足の八咫烏です。

紀伊山地の霊場

大名もあつく信仰した聖地

日本

インディはかせのポイント!

高野山は標高約1000mの山にかこまれた高地で、816年に空海が開いた仏教の聖地なんだ。山中には117もの寺院があり、山全体がひとつの宗教都市になっているよ!

真言密教の総本山

高野山・金剛峯寺

高野山には金剛峯寺という寺院がありますが、もともとは高野山全体を「総本山金剛峯寺」という寺院の境内である、「一山境内地」と考えていました。その高野山でも、とくに総本堂にあたる金堂がある壇上伽藍と、空海の御廟がある奥之院は聖地とされています。

Q 密教を日本へ伝えたのは?

A 密教とは、仏教の流れのひとつで、書物や文字ではかんたんに伝えられない秘密の教えです。その密教を日本に広めたのが空海です。かれは31歳で中国の唐へ留学し、密教の教えをわずか2年で学び、京都の東寺や高野山などで密教を広めるために力を注ぎました。あまりにすぐれた人だったので、空海(弘法大師)にまつわる伝説が日本各地に伝わっています。

みどころ

因縁のあのふたりもねむる?

高野山の奥之院へつづく参道のわきには、20万にもおよぶ墓や供養塔がならびます。そのなかには、上杉謙信や武田信玄などの有名な武将や大名の墓があり、なんと織田信長と、その信長を殺した明智光秀の墓もあるのです。ここの墓は、お参りのための「参り墓」で、なきがらはありません。ほかにも企業の墓や筆塚、シロアリの供養塔まであります。

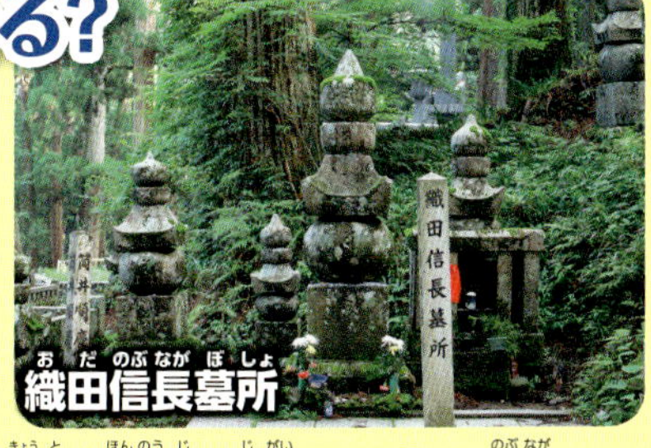

織田信長墓所
京都の本能寺で自害したとされる信長ですが、そのなきがらは見つかっていません。

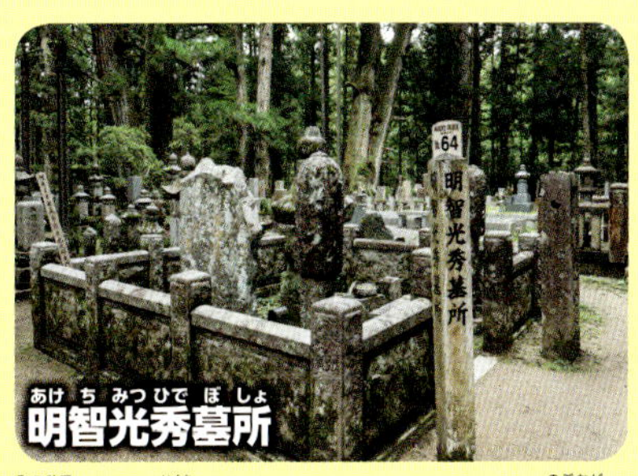

明智光秀墓所
光秀もまた戦にたおれました。ここでは信長も光秀も分けへだてなく、祭られています。

Q 高野山が起源の食べ物は?

A 豆腐を凍らせてから乾燥させたものを、高野豆腐(凍り豆腐)といいます。高野山の僧がつくったことが名前の由来で、寺院で食べる精進料理の材料として広まりました。

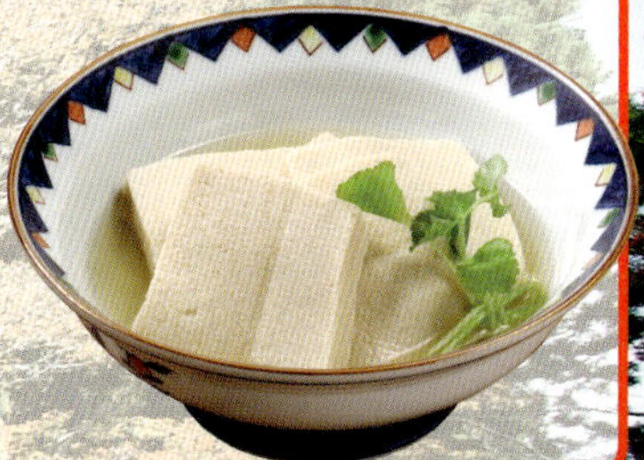

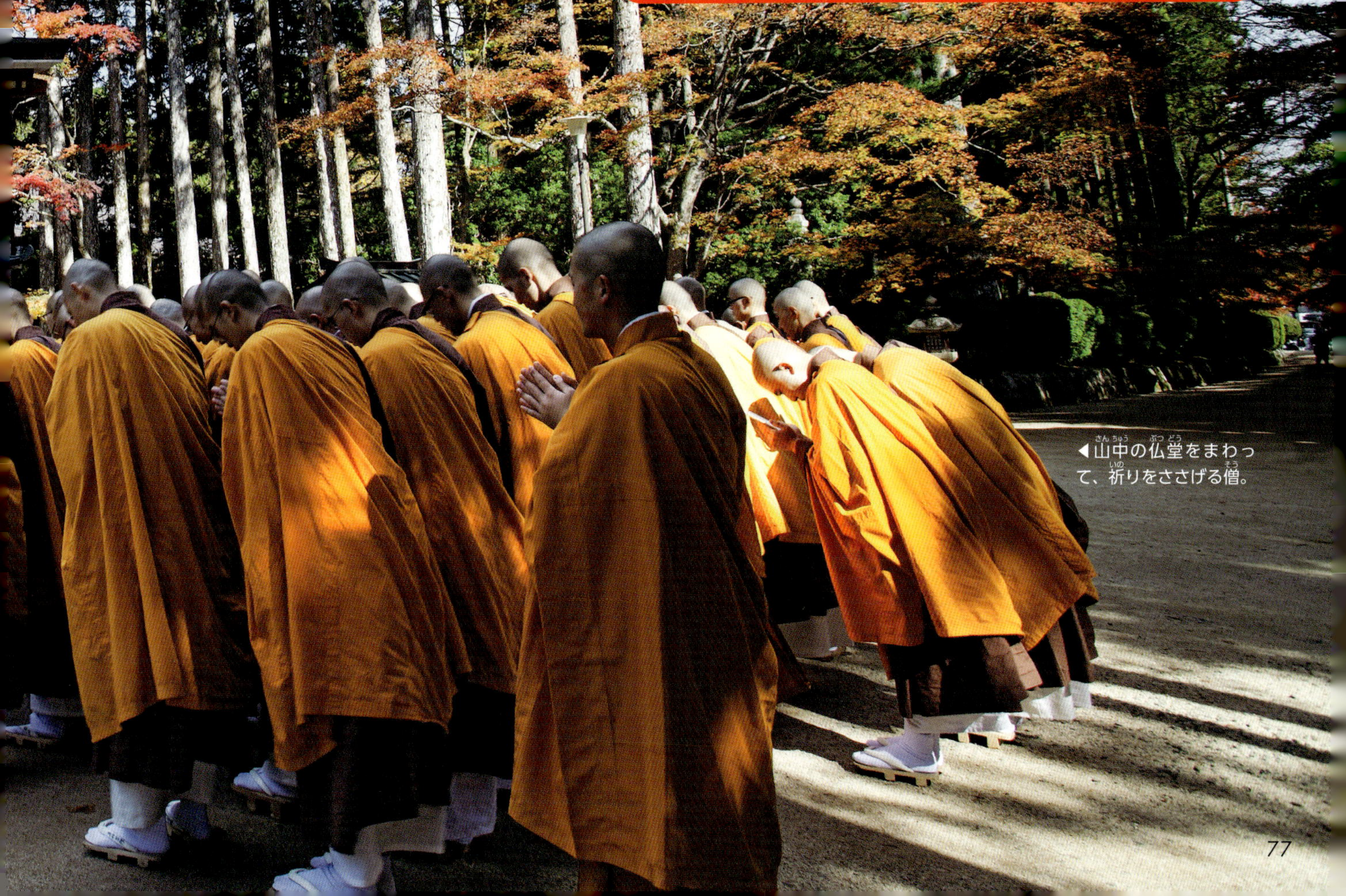
◀山中の仏堂をまわって、祈りをささげる僧。

紀伊山地の霊場

山は修行の場所

日本

インディはかせのポイント!

標高千数百メートルのけわしい山と深い谷がつづく大峯山脈。そのきびしさは、自然をおそれうやまう気持ちをよびおこし、山脈の北側の「吉野」、南側の「大峯」は、ともに修験道の聖地としてあつい信仰を集めるようになったんだ！

Q 修験道ってどんなもの?

A 日本では昔から山は神の住む場所、山そのものが神という信仰がありました。やがて、そこに仏教や神道などの教えが加わって修験道が生まれました。修験者は、きびしい山で修行することで心のまよいをはらい真理を得ること、自然をこえた力を得ることをめざしたのです。

結袈裟
僧が着る袈裟を、修行用に簡単にしたもの。梵天という糸玉がついています。

金剛杖
修行用の杖。杖の先の輪に、さらに数個の輪がついたものは錫杖といいます。

螺緒
ザイルのように使うつな。修行に入る山を母体、修験者を赤子と考え、そのへその緒をあらわします。

修験道の修行をする人のことを、修験者や山伏というよ！

頭襟

大日如来の宝冠に見立てた小さな頭巾。頭を守り、コップがわりにもなります。

法螺

心のまよいをたつためにふく貝でできた楽器。なかまへの合図や動物を追いはらうのにも使います。

鈴懸

修行用の法衣（僧が着る服）。９枚の布でできていて、その数や色には宗教的な意味があります。

こんな場所で修行するぞ！

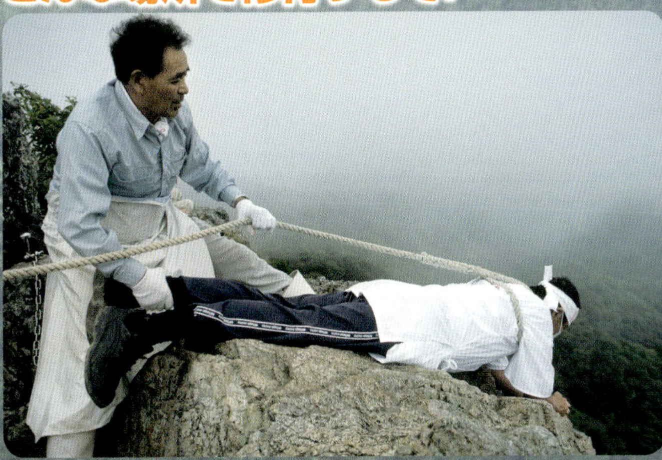

西の覗

目もくらむような絶壁です。ここから命づなをつけて身を乗りだし、仏の世界をのぞく修行をおこないます。

大日岳

大峯奥駈道にある岩場のひとつ。修験者にとって、この岩場を乗りこえるのも修行です。

大峯奥駈道

吉野・大峯と熊野三山を結ぶ、けわしい尾根道です。役行者が開いたといわれ、修験道のなかでもっともきびしい修行の道です。

クローズアップ！

修験道の聖地 吉野・大峯

金峯山寺　**大峯山寺**

吉野・大峯の一帯はもともと金峯山とよばれる聖域でした。そのふもとの吉野山にあるいまの金峯山寺も、山上ヶ岳という山の上にある大峯山寺も、どちらも修験道の祖、役行者が開いたとされ、修験道の中心地として栄えていたのです。

蔵王堂

金峯山寺の本堂です。

日本の城の完成されたすがたを伝える

姫路城

■姫路城 ■文化遺産 ■1993年 ■兵庫県姫路市

インディはかせのポイント!

日本の城は、時代とともに建てられる場所も、その形も大きくかわってきたよ。そのなかで姫路城は、日本の城がたどりついた完成形といえるんだ。しかもそれがつくられた当時のまま残っているんだ!

日本

乾小天守
大天守の西北に位置し、外観は3階建て、内部は地上4階、地下1階です。

西小天守
大天守の西南に位置し、外観は3階建て、内部は地上3階、地下2階です。

Q なぜ白鷺城とよばれるの?

A 姫路城は、火事をさけるために建物の外壁や屋根のすきまに漆喰を塗っています。その白くかがやく天守のすがたが、まるでシラサギが翼を広げたように見えることが、白鷺城の名前の由来といわれています。

シラサギの一種ダイサギ。

つくったのはこの人!

池田輝政
1600年の関ヶ原の合戦のほうびに徳川家康から姫路の領地と城をあたえられ、翌年から9年間かけて姫路城を現在のすがたにつくりかえたのです。

所蔵:鳥取県立博物館

みどころ

軍師・黒田官兵衛の石垣

姫路はもともと、豊臣秀吉の軍師といわれた黒田官兵衛(孝高)の領地でした。姫路城は秀吉に差しだされましたが、官兵衛がつくった石垣がいまも城内に残っています。

黒田官兵衛がつくったと伝えられる石垣。

姫路城を攻め落とせ!

本丸

門をかくす油壁

油壁という壁が「ほの門」を通った敵から、天守への近道の入り口「水の一門」をかくします。その先は下り坂で、天守に近づけないと、敵にかんちがいさせることもできます。

ほの門

せまく曲がる通路

敵を遠まわりさせて時間をかせぐとともに、上から攻撃しやすくします。

はの門

扇の勾配

上にいくほど石垣の角度がきつくなり、のぼりにくくなっています。

ワナのある「にの門」

門を通る敵に対して、屋根裏から攻撃できます。

二の丸

三国堀

敵に道が分かれているとかんちがいさせたり、「るの門」から兵を出して敵を後方からおそいます。

ろの門

いの門

狭間からねらう

鉄砲や弓矢を放つために、壁にあけられた穴です。ここにかくれながら敵をねらいます。

西の丸

L字形の「菱の門」前

門の前で敵の動きをおくらせ、3方向から攻撃します。

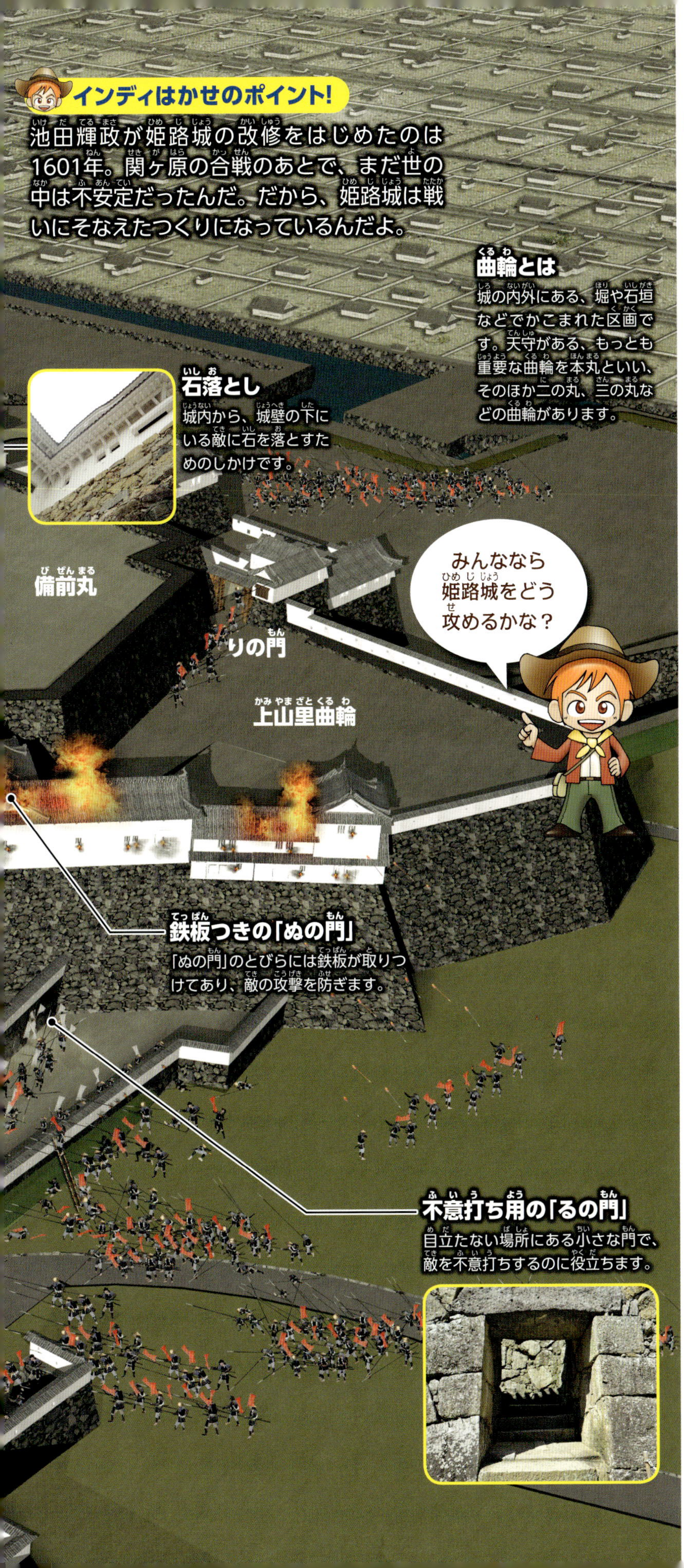

インディはかせのポイント!

池田輝政が姫路城の改修をはじめたのは1601年。関ヶ原の合戦のあとで、まだ世の中は不安定だったんだ。だから、姫路城は戦いにそなえたつくりになっているんだよ。

曲輪とは

城の内外にある、堀や石垣などでかこまれた区画です。天守がある、もっとも重要な曲輪を本丸といい、そのほか二の丸、三の丸などの曲輪があります。

石落とし

城内から、城壁の下にいる敵に石を落とすためのしかけです。

備前丸

りの門

上山里曲輪

みんななら姫路城をどう攻めるかな?

鉄板つきの「ぬの門」

「ぬの門」のとびらには鉄板が取りつけてあり、敵の攻撃を防ぎます。

不意打ち用の「るの門」

目立たない場所にある小さな門で、敵を不意打ちするのに役立ちます。

Q 姫路城はいまよりずっと大きかった?

A 現在の姫路城は、本来の城の内曲輪部分です。以前はその外側に、中堀にかこまれた中曲輪や、外堀にかこまれた外曲輪があり、今も堀や石垣の一部が残っています。これらの曲輪は左まきに配置されているので「らせんの曲輪」とよばれています。

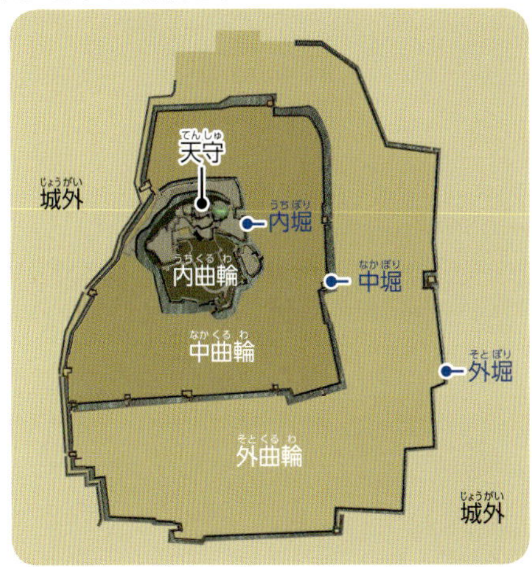

クローズアップ!

姫路城の怪談!

姫路城にはいくつかの怪談が伝わっています。上山里曲輪にある「お菊井戸」は、お菊という女性が、家宝の皿をぬすんだ罪を着せられ、殺されて投げこまれたという井戸です。また、大天守に妖怪が出て、それを宮本武蔵が退治したという話も伝わっています。

◀お菊井戸。夜になると、井戸からお菊が泣きながら皿を数える声が聞こえてくるといいます。

▶大天守の最上階には、刑部明神(長壁姫)を祭る神社があります。その正体は妖怪とも年老いたキツネともいわれていますが、年に一度すがたをあらわして、城の運命をつげたといわれています。

数百年にわたり銀を産出した大鉱山

石見銀山

■石見銀山遺跡とその文化的景観 ■文化遺産 ■2007年 ■島根県大田市

日本

インディはかせのポイント!

石見銀山は、日本を代表する鉱山遺跡だ！　いまから約500年前、博多の商人が日本海を通る船の上から光りかがやく山を見つけ、大量の銀鉱石がねむる場所だとわかったといわれているよ。銀山では多くの人がはたらき、1923年に銀山を閉じるまで掘りだされた銀は、海外にまで広く行きわたったんだ！

江戸時代の間歩（鉱石を掘るためのトンネル）

柄山負

掘った石を集めて背中に背負い、外にはこびだす作業をする人です。銀山ではたらく人は、12歳くらいの年齢から、この仕事を始めていました。

螺灯

サザエの貝がらでつくった明かりで、中には油と、火をともすしんが入っています。坑夫はこれを手に持って、真っ暗な間歩内を歩きます。

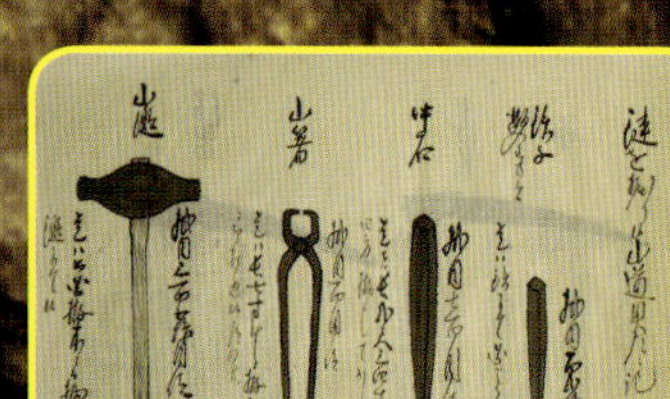

銀掘

間歩内で銀鉱石を掘る作業をする人です。山鎚や鉄子など「山道具」とよばれる道具を使い、朝昼晩を5人で交代して、うもれている銀鉱石を掘りだします。

提供:石見銀山資料館

福石（銀鉱石）

銀の結晶を多くふくむ鉱石（鉱物をふくむ石）です。石見銀山には、見てわかるほど大きな結晶をふくんだ銀鉱石がたくさんありました。

所蔵:中村俊郎

唐箕

もとは籾のもみがらをふきとばす農具です。丸い箱の中にある4枚の羽根を回転させて風をおこす仕組みで、これを使って間歩内にきれいな空気を送りました。

所蔵:中村俊郎

水吹子

わきでる地下水をくみあげて外に出すために使う、木や竹でつくられたポンプです。「すぽんどい」ともよばれます。

しきまつ

すわって銀鉱石を掘るときに下にしくもので、腰につけて間歩内に入ります。

提供:石見銀山資料館

足半

間歩内に入るときにはくぞうりです。ふつうのぞうりの前半分だけの短い形で、軽くて動きやすいのが特ちょうです。

提供:石見銀山資料館

山中の間歩は1000以上

石見銀山は、仙ノ山という山を中心とした山中にあり、甲子園球場が約80個入る広さがありました。鉱石を掘るためのトンネルを「間歩」といい、石見銀山には1000をこえる間歩がありました。地下には、まるでアリの巣のように間歩がつづいていました。

龍源寺間歩

江戸時代の中ごろにつくられた間歩で長さは約600mあり、見学できます。間歩の入り口は、4本の柱でささえられているため「四ツ留」とよばれます。

Q 坑夫たちは どんな暮らしをしていたの?

A 銀山では多くの人がはたらいていて、子どもも10歳ごろにははたらきはじめました。しかし、間歩の中は明かりのけむりや石のこななどで空気がよごれたきびしい環境で、無事に30歳になるとお祝いをしたほどです。徳川幕府は、はたらく人に米やみそをあたえ、病気を防ぐ方法や治療の研究に力を入れていました。

銀山町のようす(模型)

銀山に関わる仕事をする人のほか、大工や医者、商人なども住んでいました。女性や子どももいて、遺跡の出土品からは、ゆたかな生活をしていたことがわかります。

提供:大田市教育委員会

みなが求めた石見の銀

インディはかせのポイント!

石見銀山からとれる銀は、質がよく価値の高いものだった。そのため、国内では銀山をめぐって争いも多くおこったよ。銀の評判は海外にも伝わり、貿易にも大きな影響をあたえた。遠くヨーロッパにまで紹介され、日本は「銀の島」とよばれたんだ!

日本

クローズアップ! はげしくうばいあった銀山

石見銀山が見つかったのは戦国時代。その価値に目をつけた戦国大名の大内氏や尼子氏、毛利氏などが銀山をめぐって争い、ほかの大名に勝利した毛利元就が手に入れました。その後、天下を統一した豊臣氏の手を経て、徳川幕府が支配しました。

所蔵:毛利博物館

毛利元就

当時の中国地方の勢力図。石見銀山のまわりに支配地をもつ戦国大名が争っていました。

Q 西洋人が求めたソーマ銀とは?

A 石見銀山の銀は、中国や朝鮮に輸出されていました。やがて、アジアに進出したポルトガルやイギリスなど西洋の国々も、日本の銀を使って日本や中国との間で貿易を始めたので、日本は銀のとれる国として世界中に知られるようになりました。なかでも質のよい石見銀山の銀は、銀山のあった「佐摩」という地名から「ソーマ銀」とよばれました。

1595年にヨーロッパで刊行された日本地図。石見銀山の場所(⬅)が記されています。

所蔵:神戸市立博物館　提供:Kobe City Museum / DNPartcom

原寸

所蔵:島根県立古代出雲歴史博物館

御取納丁銀

1557年に、毛利元就から天皇に献上された丁銀。長さは約16㎝、重さは160gあります。1100枚ほどあったといわれますが、残っているのは1枚です。

原寸

文禄石州丁銀

1592年、豊臣秀吉が朝鮮に出兵したときに、家来の大名にほうびとしてあたえるためにつくらせた丁銀といわれています。長さ約15㎝、重さは約202gあります。

所蔵:島根県立古代出雲歴史博物館

石見銀でつくられた銀貨

石見銀山でとれた銀は、おもに丁銀とよばれる銀貨の材料に使われました。丁銀は、大きな商品取引のしはらいに使われたお金で、必要におうじててきとうな重さに切って使われました。石見銀山の銀でつくられた丁銀は、日本に約70枚が残っています。

銀山開発全体がわかる遺産

石見銀山は、鉱山だけではなく、鉱山の発展によって栄えた町や、銀をはこんだ街道、銀を積みだした港と港町など、鉱山にまつわるもの全体が残り、いまもそこに人々がくらしていることに、価値があります。

大森地区

徳川幕府の銀山を管理する役所が置かれた場所で、商人の屋敷なども建てられた、代表的な鉱山町として栄えました。いまでも当時の貴重な町なみが残されています。

銀山街道

石見銀山を支配した大内氏や毛利氏が、銀山とその積みだし港を結ぶ道として整えた道です。大内氏の時代は鞆ヶ浦道、毛利氏の時代は温泉津沖泊道が使われました。

温泉津・沖泊

毛利氏が整え、銀を積みだす港町として栄えました。銀が陸上をはこばれるようになると、銀山に関わる人々の生活に必要な米などをはこぶ中継地や温泉地としても利用されるようになりました。

人類が覚えておかなくてはいけない負の遺産

原爆ドーム

■原爆ドーム ■文化遺産 ■1996年 ■広島県広島市

日本

インディはかせのポイント!

修学旅行のコースに選ばれることも多い原爆ドーム。これは第二次世界大戦の末期、人類の歴史ではじめて使われた核兵器の原子爆弾(原爆)の悲劇を後の世に伝えるために、当時のすがたを残したまま保存されているんだ。そして、核兵器をなくすことをめざし、平和の大切さをうったえつづける記念碑として世界遺産になったんだよ。

Q 原爆ドームってなに?

A 原爆ドームは、もとは広島県産業奨励館という建物でした。1915年に広島県物産陳列館として建てられ、広島県の産業をさかんにする目的で、県内の物産を展示し紹介する場所でした。

ヨーロッパ風のれんが造りで、3階建てのドーム型建物は当時でもめずらしく、観光名所になっていました。

■正式名称 ■遺産の種類 ■登録年 ■地域名

原爆ドームと平和記念公園

平和記念公園のある場所は、原爆が落ちる前は広島市のなかでもにぎやかな場所でした。原爆はこの場所の真上近くで爆発したといわれています。放射線のため75年は草木も生えないといわれましたが、戦後は復興して昔以上のすがたを取りもどしました。

終戦直後(1945年9月)の原爆ドーム。

Q あの日、広島でなにがおきたのか?

A 1945年8月6日午前8時15分、アメリカ軍によって人類の歴史ではじめて原爆が人の住む町に落とされました。投下から数十秒後には、爆発による熱線と放射線、爆風が街と人を焼きつくしました。死者は約14万人にものぼり、いまも放射線による障害に苦しんでいる人が数多くいます。

寄贈者:鉄谷信男／所蔵:広島平和記念資料館

被爆した三輪車

当時3歳だった男の子は三輪車で遊んでいるときに被爆し、「水、水……」とうめきながらなくなりました。

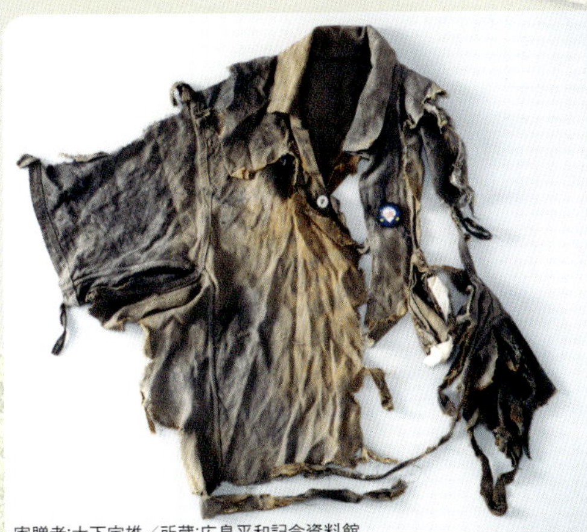

寄贈者:大下定雄／所蔵:広島平和記念資料館

犠牲者の着ていた服

13歳の女学生は、国の命令で広島市内の奉仕作業をしていて被爆しました。これは自分でぬった服でした。

寄贈者:折免シゲコ／所蔵:広島平和記念資料館

被爆した弁当箱

13歳の男子学生はその朝、母親のつくった弁当を持ち奉仕作業に出かけました。弁当箱は遺体とともに発見されました。

原爆ドーム

核兵器のない世界をめざして

日本

平和記念公園

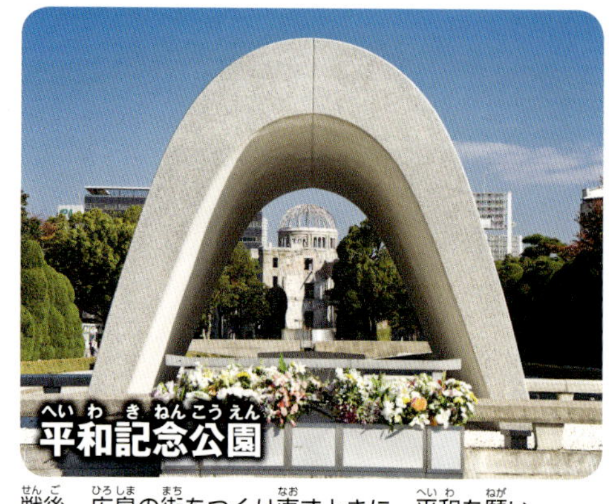

戦後、広島の街をつくり直すときに、平和を願い、うったえる目的でつくり整えられた公園です。

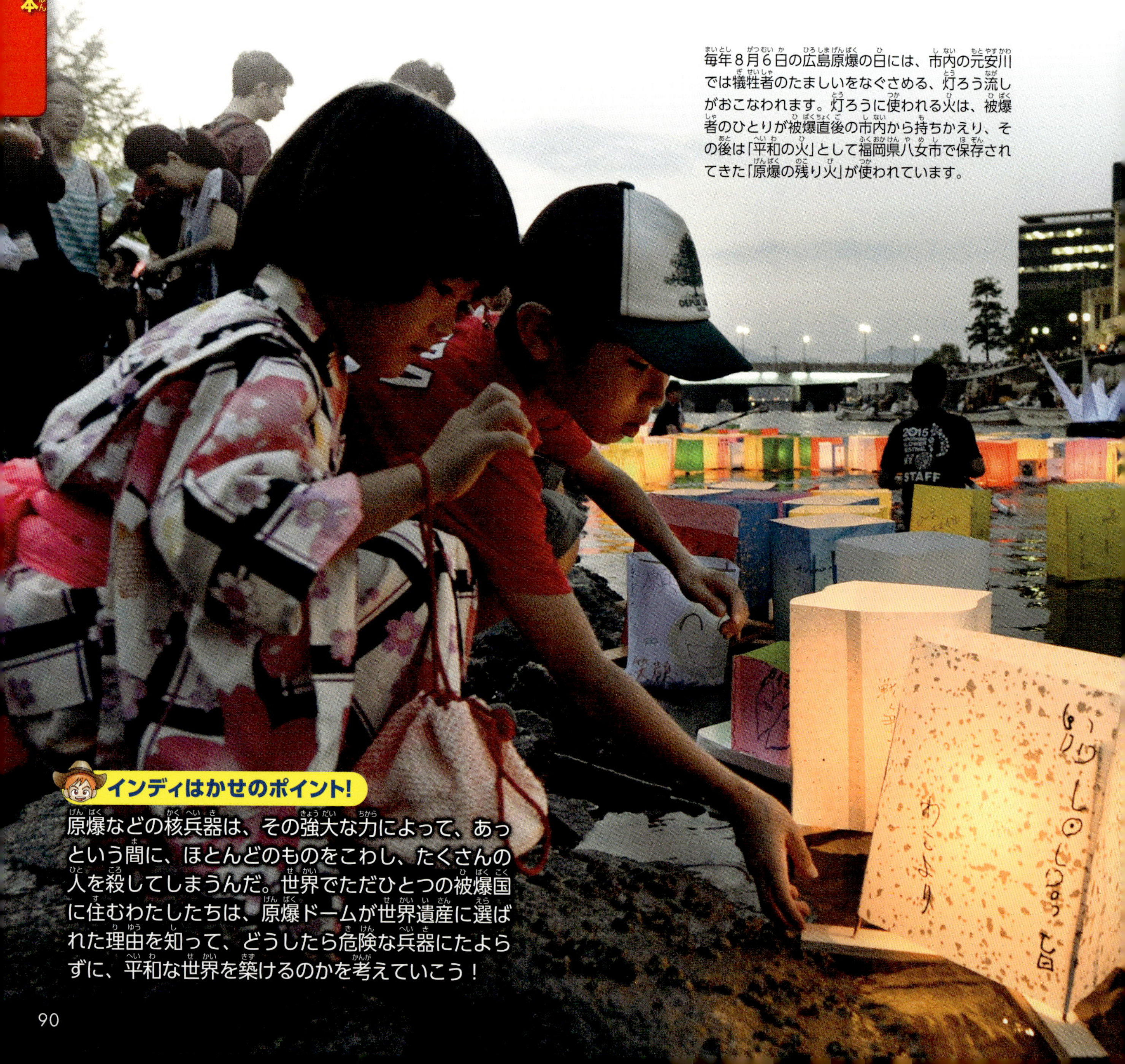

毎年8月6日の広島原爆の日には、市内の元安川では犠牲者のたましいをなぐさめる、灯ろう流しがおこなわれます。灯ろうに使われる火は、被爆者のひとりが被爆直後の市内から持ちかえり、その後は「平和の火」として福岡県八女市で保存されてきた「原爆の残り火」が使われています。

インディはかせのポイント!

原爆などの核兵器は、その強大な力によって、あっという間に、ほとんどのものをこわし、たくさんの人を殺してしまうんだ。世界でただひとつの被爆国に住むわたしたちは、原爆ドームが世界遺産に選ばれた理由を知って、どうしたら危険な兵器にたよらずに、平和な世界を築けるのかを考えていこう！

2016年5月27日、原爆使用国のアメリカ合衆国大統領として、はじめて広島をおとずれました。オバマ大統領（当時）の演説は世界中で大きな話題になりました。

クローズアップ！

くりかえされる悲劇

1945年に第二次世界大戦が終わったあとも、世界の国々は核兵器の開発を進め、何度も実験をくりかえしました。そのために、多くの人がなくなったり、苦しんだりしています。

54年の実験で使われた水爆は、広島に落とされた原 の1000倍の力があり、地元住民や近くにいた日本の 船が被爆しました。さらに、放射能をおびたちり「死 」が、風にはこばれ世界中に広がりました。

ビキニ水爆実験で被爆した静岡県のマグロ漁船。乗組員の全員が被爆しました。船は現在、東京都の夢の島にある都立第五福竜丸展示館に保存されています。

クローズアップ！

もうひとつの被爆地・長崎市

広島原爆投下から3日後の8月9日、長崎市にふたつめの原爆が落とされ、約14万人が犠牲になりました。浦上天主堂（カトリック浦上教会）では、原爆でこわされ焼けこげた、当時の天主堂の石像などを見ることができます。

教会の前で保存されている旧天主堂の遺構。

海上に浮かぶような社殿と大鳥居

厳島神社

■厳島神社 ■文化遺産 ■1996年 ■広島県廿日市市

日本

インディはかせのポイント!

瀬戸内海の厳島(安芸の宮島)にある、海の上に建てられた木造の神社だ。いまから1400年以上も昔、593年にできたといわれているよ。厳島は島全体が信仰の対象だったので、陸地ではなく海の上につくられたんだ!

廻廊
建物をつなぐ長い廊下で、東と西ふたつ合わせて約275mもあります。

楽房
舞楽の音楽を演奏する場所。舞台の左右にひとつずつあります。

厳島神社をいまのすがたにした平清盛

平清盛は、平安時代末に権力をにぎった人です。清盛は安芸国(いまの広島県西部)の役人になったとき、厳島神社を平家の守り神としてあがめました。清盛の力が強まると厳島神社も栄え、1168年にはいまの厳島神社のすがたが完成しました。

本社
本殿、拝殿、幣殿、祓殿の4つでできていて、国宝に指定されています。この神社では、航海の守り神である宗像三女神(→97ページ)を祭っています。

■正式名称 ■遺産の種類 ■登録年 ■地域名

Q 島にはきびしいおきてがあった?

A 厳島は、昔から「神の島」としてあがめられ、神社や寺院が建てられていました。鎌倉時代の末までは人が住むことがゆるされず、人がくらせるようになってもたくさんのおきてがありました。住人の墓は島内につくることができず、明治初期までは田畑をたがやすこともゆるされませんでした。

能舞台

能を舞うための舞台。海の上にある能舞台は日本ではここだけです。

高舞台

本社の前に広がる部分を「平舞台」といいます。そこから一段高くなった場所が高舞台で、中国などから伝わった「舞楽」が演じられる場所です。

みどころ

海にはりだした神社

厳島神社は、潮の満ち引きによって見た印象がかわる、自然とひとつになった美しい神社です。しかし、海辺に建つために、高波や台風の被害を受けることもあります。それをさけるために建物に工夫がなされているほか、神社に関わる多くの人たちが日々、力を注いでいます。

干潮時の厳島神社

潮が満ちると海に浮かぶように見える神社も、潮が引くと大鳥居まで歩いて行くことができます。

厳島神社

日本を代表するものがいろいろ

日本

インディはかせのポイント!

厳島は、一周が約30㎞の小さな島だけど、日本を代表するものがいくつもあるんだ。なかでも有名なのは厳島神社の大鳥居だ！ 海の上に建つ世界でもめずらしい鳥居だよ。昔は舟で大鳥居をくぐって本社にお参りしたんだって。現在のものは8代目で、1875年につくりかえられたんだ。

江戸時代から人気の観光地 日本三景

日本で景色のよい場所として、江戸時代の学者・林春斎が選んだのが「日本三景」です。厳島は、宮城県の松島、京都府の天橋立とともに選ばれ、人気を集めました。

歌川広重の浮世絵で描かれた厳島神社の大鳥居。

厳島の女神は弁天様? 日本三大弁天

A 昔は、厳島神社で祭る女神、市杵島姫命は、仏教の弁財天と同じと考えられていたため、厳島神社でも弁財天をいっしょに祭っていたのです。日本三大弁天のほかの2か所は竹生島神社、江島神社です。

管絃祭は日本三大船神事

厳島神社の祭神をなぐさめるための祭りです。都の貴族が庭園の池でおこなっていた船遊びを、平清盛が厳島神社で神事として始めたといわれています。日本三大船神事は、ほかに大阪天満宮の天神祭、松江城山稲荷神社のホーランエンヤがあります。

日本三鳥居!

厳島神社の大鳥居は、高さが約16mあり、木でつくられた鳥居としては日本最大です。日本三鳥居はほかに、金峯山寺の銅の鳥居と四天王寺の石の鳥居があります。

自分で立っている!

ふつうの鳥居は地面にうめられていますが、この大鳥居は6本の柱で地面に立っています。鳥居の上部にはおもしの石が約7tも入っています。

主柱はクスノキの大木!

大鳥居の２本の主柱は、周囲が約10mもあるクスノキの大木です。クスノキはくさりにくく、虫がつきにくい特ちょうがあります。

大願寺 護摩堂

厳島神社の弁財天は、いまは同じ島内の大願寺に祭られています。

Q 日本三大奇襲のひとつが島でおきた?

A 1555年、毛利元就は敵の陶晴賢を厳島におびきだし、暴風雨の夜に少ない兵力で攻めいり勝利しました。これが日本三大奇襲のひとつ「厳島の戦い」です。ほかに織田信長の桶狭間の戦い、北条氏康の河越夜戦があります。

厳島にある毛利軍の城、宮尾城跡。敵軍をおびきだし集めるために利用しました。

海に生きる人々が祈り、祭った女神の島

神宿る島 沖ノ島

■「神宿る島」宗像・沖ノ島と関連遺産群 ■文化遺産 ■2017年 ■福岡県宗像市、福津市

日本

インディはかせのポイント!

九州と対馬の間に広がる海・玄界灘。その真ん中にある、岩だらけの小さな島が、沖ノ島だ。その島では、なんと1600年以上もの昔から500年間、神様を祭る儀式(祭祀)がおこなわれていたんだ!

この祭りには約200せきもの漁船が参加するんだって!

みあれ祭

宗像大社の秋の大祭で最初におこなわれる祭で、年に一度、宗像三女神が辺津宮に集まります。三女神のご神体を乗せた御座船を中心に、航海の安全や大漁を願う漁船が多数参加します。

大海を渡った海人族

沖ノ島で祭祀をおこなっていたのは、宗像氏という一族です。宗像氏は、海人族とよばれる、船をたくみにあやつり、海を渡って活動した人々だと考えられています。かれらは、丸木舟に板などを組みあわせただけのかんたんな船を使って漁をし、海をこえてほかの国や土地に出かけたのです。

海の女神を祭る

玄界灘には朝鮮半島と日本を結ぶ海の道があり、沖ノ島は重要な島でした。その沖ノ島と大島、宗像市にある3つの神社を合わせて宗像大社といい、「宗像三女神」という姉妹神が祭られています。航海の安全を守る神様で、「道主貴」という最高神の尊称をもち、人生や勉学など、人の道を司る神としてもうやまわれています。

①沖ノ島
宗像大社沖津宮
三女神の長女、田心姫神を祭っています。

②大島
宗像大社中津宮
三女神の次女、湍津姫神を祭っています。

③宗像市田島
宗像大社辺津宮
三女神の三女、市杵島姫神を祭っています。

神宿る島 沖ノ島

宝物8万点が出土！

インディはかせのポイント！

沖ノ島は、神宿る島として、昔から人が入ることを制限していたんだ。だから、古い時代の祭祀の遺跡が手つかずのまま残っていて、その形式の変化などを知ることができるんだよ。そこで発見された宝物8万点は、すべて国宝に指定されているんだ！

宗像大社高宮祭場

宗像大社辺津宮にある祭場です。宗像三女神が天上から地上におりられた場所とされています。

4世紀後半～5世紀（岩上）

国家(大和朝廷)としての朝鮮半島との関わりがふえ、大がかりな祭祀がおこなわれるようになります。大きな岩の上に、近畿地方の古墳と同じように、鏡、玉(まが玉)、鉄の剣などがささげられました。

三角縁神獣鏡

古代の鏡です。ふちの断面が三角形で、神やけものの模様がきざまれています。

5世紀後半〜7世紀（岩陰）

大きな岩の陰に、朝鮮半島の文化と共通するような金や金銅でできた品物がささげられました。また、シルクロードをへて、はるか西方から持ちこまれたと考えられる品も見つかっています。

金製指輪

金でできた指輪で、朝鮮半島で似たものが見つかっています。

金銅製歩揺付雲珠

馬具につける飾りで、朝鮮半島でつくられたと考えられています。

7世紀後半〜8世紀前半（半岩陰・半露天）

岩陰やその手前に、古墳にそなえられた品物とはちがう、祭祀のためにつくられた品物がささげられるようになります。また630年に遣唐使が始まった影響か、中国でつくられた品物がふえました。

金銅製龍頭

旗ざおの先につける飾りで、日本では沖ノ島でしか見つかっていません。

8世紀〜9世紀末（露天）

岩からはなれた平地に、祭祀のための土器や、人や馬、舟の形にした石など、宗像をふくめた国内でつくられた品物がささげられるようになります。やがて894年に遣唐使が停止されると、国家事業としての大がかりな祭祀はおこなわれなくなります。

奈良三彩小壺

中国の技術を使って、近畿地方でつくられた壺です。

奉献品はすべて所蔵：宗像大社神宝館

日本の発展をささえた産業の遺産たち

明治の産業革命遺産

■明治日本の産業革命遺産 製鉄・製鋼、造船、石炭産業 ■文化遺産 ■2015年
■福岡県北九州市、大牟田市、中間市、佐賀県佐賀市、長崎県長崎市、熊本県荒尾市、宇城市、鹿児島県鹿児島市、山口県萩市、岩手県釜石市、静岡県伊豆の国市

日本

インディはかせのポイント!

江戸時代に鎖国をしていた日本は、明治時代になると「富国強兵」の理念をかかげ、西洋の国々と対抗できるだけの経済力や軍事力を得ようとしたんだ。そのために海外の進んだ知識や技術を取りいれて、製鉄・製鋼業や造船業、石炭産業など重工業の発展に力を注いだ。そのときの炭鉱や製鉄所、造船所などが世界遺産になったんだよ!

8地域23の世界遺産

● 石炭産業 ● 製鉄・製鋼 ● 造船 ● ゆかりの場所

①萩
- 萩反射炉
- 恵美須ヶ鼻造船所跡
- 大板山たたら製鉄遺跡
- 萩城下町
- 松下村塾

②鹿児島
- 旧集成館
- 寺山炭窯跡
- 関吉の疎水溝

③韮山
- 韮山反射炉

④釜石
- 橋野鉄鉱山

⑤佐賀
- 三重津海軍所跡

⑥長崎
- 小菅修船場跡
- 三菱長崎造船所第三船渠
- 三菱長崎造船所ジャイアント・カンチレバークレーン
- 三菱長崎造船所旧木型場
- 三菱長崎造船所占勝閣
- 高島炭坑
- 端島炭坑
- 旧グラバー住宅

⑦三池
- 三池炭鉱・三池港
- 三角西港

⑧八幡
- 官営八幡製鐵所
- 遠賀川水源地ポンプ室

 ■正式名称 ■遺産の種類 ■登録年 ■地域名

石炭

近代化をささえた石炭エネルギー

開国後の日本は、製鉄と造船に力を入れますが、その動力源に欠かせない石炭産業が急速に発展しました。石炭が明治時代の近代化を、そして日本の発展をささえたのです。

端島炭坑（長崎県）

端島は長崎県の南西にある周囲約1.2kmの小さな島です。端島では質のよい石炭がとれたため、明治時代から昭和時代にかけて炭坑として栄えましたが、1974年に炭坑は閉じられて島は無人島になりました。

ここに人の暮らしがあった

端島には、炭坑ではたらく人たちのために、住宅や学校はもちろん、商店や病院のほか、映画館までそろっていました。最盛期の人口は5000人以上もいて、人口密度は東京の9倍もありました。

当時は時代の先端だった高層アパートも、いまは荒れはてています。まるで時間が止まっているかのようです。

Q なぜ軍艦島とよばれるの？

A 端島は岸壁にかこまれ、鉄筋コンクリートの建物が立ちならび、えんとつからはけむりが立ちのぼっていました。そのすがたが軍艦に似ていたのが名前の由来です。

端島

三池炭鉱（熊本県）

三池炭鉱は、江戸時代に見つかった炭鉱で、石炭の産出量が日本一になるほどの炭鉱でした。

明治の産業革命遺産

「殖産興業」がキーワード

インディはかせのポイント！

明治政府がかかげた「富国強兵」を実現するには、機械や武器の材料となる大量の鉄鋼や、海外と行き来するための近代的な船が必要だった。そこで新たな産業をおこす「殖産興業」が進められて、官営八幡製鐵所や三菱長崎造船所などの施設が整えられたんだ！

現在の八幡製鉄所周辺

明治政府が福岡県の八幡に製鉄所をつくったのは、すぐ近くに、燃料を供給できる大きな炭鉱があったためでした。いまは炭鉱もなくなりましたが、八幡周辺は工業のさかんな場所として日本をささえています。

戸畑第四高炉

撮影：Koji Kobayashi

鉄

近代化に必要な大量の鉄

大量の鉄鋼を国内生産するために、1901年に国営の官営八幡製鐵所が建設されました。6万トンの生産目標は10年後には年間生産量が15万トンに拡大しました。

現在は、新日鐵住金が八幡製鉄所をひきついで、みんなの生活に欠かせない鉄鋼を生産しているよ！

旧本事務所

東田第一高炉跡

官営八幡製鐵所（福岡県）

世界遺産に登録されている製鉄所の旧本事務所は1899年に建てられました。1901年に操業が始まった東田第一高炉跡も残っています。

第三船渠（長崎県）

三菱長崎造船所は日本の造船業を築いた重要な場所で、第三船渠は、船の大型化と設備電化の中、入江だった地形を利用して建設されました。

船

近代化を進めた造船技術

幕府や藩では防衛のために造船に力を入れるようになりました。明治維新後にも成長した造船技術は、機械工場や橋づくりなど、さまざまな場面に生かされ、近代化をおし進めました。

Q 100年過ぎてもはたらく遺産があるってホント？

A 三菱長崎造船所では、船をつくったり直したりするドックである第三船渠（1905年完成）や、造船所でつくられた巨大な部品を船に積みこむためのジャイアント・カンチレバークレーン（1909年完成）がつくられ、当時の造船業をささえました。このふたつの施設は、なんと100年以上たったいまでも現役ではたらいていて、世界遺産に登録されました。

ジャイアント・カンチレバークレーン（長崎県）

明治の産業革命遺産

西洋に追いつけ追いこせ

日本

インディはかせのポイント!

江戸時代の末になり外国に対して開国すると、徳川幕府や地方の藩のなかにも、日本を外国から守るために近代化が必要だと考える、江川英龍や吉田松陰といった人があらわれた。かれらは、わずかな西洋の知識をもとに工夫をかさねて産業をおこしたり、人材を育てる教育をおこなったんだ。

韮山反射炉(静岡県)

韮山代官の江川英龍が幕府から指示され、オランダの本だけをたよりに建設しました。反射炉は、質の悪い鉄を溶かし、不純物を取りのぞくための炉です。

クローズアップ! 藩主が始めた富国強兵

江戸時代の末、薩摩藩(いまの鹿児島県と宮崎県の一部)では、1851年に藩主になった島津斉彬が「集成館事業」とよばれる事業をおこし、藩だけの力で富国強兵を進めました。洋式の製鉄や造船、紡績などがおこなわれ、日本初の蒸気船もつくられました。

尚古集成館(鹿児島県)

集成館事業でつくられた機械工場の建物です。

クローズアップ! 産業革命をうらでささえた外国人

江戸時代末から、日本は西洋の進んだ技術を得るために、多くの外国人をまねき、やとい入れました。日本に住みついた外国人たちが、工業だけでなく、法律や教育、芸術など、さまざまな分野で活躍しました。

旧グラバー住宅(長崎県)

日本で活躍した、スコットランド出身の商人トーマス・グラバーの家が保存されています。

江川英龍（坦庵）

「坦庵」のよび名で知られます。伊豆地方の代官でしたが、西洋の知識を学び、海からの敵を防ぐ研究をしました。韮山反射炉は、かれの死後、息子が完成させました。

橋野高炉跡（岩手県）

岩手県の橋野鉄鉱山に、1858年につくられた洋式高炉跡です。残っているものでは日本最古で、日本人の力だけでつくられました。高炉とは鉄鉱石を溶かして鉄を取りだすための炉のことです。

Q 松下村塾での人材を育てた人物とは？

A 長州藩（いまの山口県）の藩士だった吉田松陰は、松下村塾で藩内の若者に、身分を問わず学問を教えました。かれの生徒には、明治政府で総理大臣をつとめた伊藤博文や山縣有朋、産業界で活躍した飯田俊徳や渡辺蒿蔵など、日本をささえる人物が数多くいました。

松下村塾（山口県）

山口県萩市にいまも残る松下村塾の建物。

吉田松陰

静岡県下田市の「踏海の朝」像です。松陰はこの港に来航したアメリカ船に乗り海外に出ようとして失敗しました。

苦しみにたえて守りぬいた信仰のあかし

潜伏キリシタン遺産

■長崎と天草地方の潜伏キリシタン関連遺産 ■文化遺産 ■2018年
■長崎県長崎市、南島原市、佐世保市、平戸市、小値賀町、上五島町、五島市、熊本県天草市

日本

インディはかせのポイント!

いまの日本は、信仰の自由がみとめられているね。でも昔、安土桃山時代の末期から江戸時代、そして明治時代のはじめまで、日本ではキリスト教を信仰することがみとめられていなかったんだ。きびしく取りしまられて、見つかれば命の危険もあった。そんな時代に、信仰をかくして、守りぬいた人たちが、潜伏キリシタンなんだよ!

1 キリスト教の伝播と普及

所蔵:神戸市立博物館
提供:Kobe City Museum / DNPartcom

フランシスコ・ザビエル

1549年に鹿児島に上陸して日本にはじめてキリスト教を伝え、1550年に長崎の平戸で宣教活動を開始した宣教師です。これを境に長崎では、外国との貿易による利益を求めて改宗したキリシタン大名の後押しもあって、キリスト教布教の拠点として栄えました。

Q なんでキリスト教がゆるされなかったの?

A 安土桃山時代は、外国との貿易と引きかえに、宣教師の布教活動はみとめられていました。しかし大名がキリシタン(信者)になったり、教会に土地をあたえるようになると、豊臣秀吉や徳川家康は、日本が侵略されると考えるようになりました。そして1614年、全国にキリスト教禁教令が出され、教会の破壊と宣教師の国外追放が進められました。

踏絵

「絵踏み」というキリスト教の取りしまりに使われました。キリストやマリアの絵をふめるかどうかで信者を見分けます。

2 キリスト教の禁止と弾圧

3
禁止の激化。そして潜伏へ

クローズアップ!

ついにキリシタンが反乱? 島原の乱

宣教師や信徒に対する本格的な迫害が行われるようになると、江戸時代初期の1637年に、島原・天草地方で大きな反乱がおきました。徳川幕府はキリシタンの一揆として徹底的に鎮圧し、反乱側はほとんど殺されました。やがて幕府は鎖国を確立します。残された信徒たちは、キリシタンの信仰を守るため、仏教徒を装うなどして潜伏していきました。

反乱側がたてこもった原城跡
反乱には3万人以上が加わりました。

4
転機と潜伏の終わり

クローズアップ!

宣教師との再会、「信徒発見」!

1858年に徳川幕府が鎖国を解き、長崎には大浦天主堂が建てられました。そして、1865年、潜伏キリシタンがこの教会を訪れ、ついに自分たちがキリスト教の信徒であることを告白したのです。開国後もキリスト教徒への弾圧は続きましたが、1873年にようやくみとめられます。その後、潜伏キリシタンが住む地域に教会堂が建てられました。

大浦天主堂(長崎市)
キリシタンの潜伏が終わるきっかけになった1865年「信徒発見」の場所です。1933年には国宝に登録されました。

江上天主堂(五島市)
キリスト教解禁後の1918年、谷間に開けた小さい平地に建てられました。湿気の多い江上集落の民家と同じ高床式の構造です。

﨑津教会(天草市)
1934年に建てられました。教会が立つ場所は、江戸時代に絵踏みがおこなわれた屋敷跡です。

潜伏キリシタン遺産

250年かくしつないだ祈り

日本

インディはかせのポイント!

潜伏キリシタンは、ふつうにくらしているように見せかけて、さまざまな方法で信仰をひたかくし、のちの世代につないでいった。250年間も信仰をつらぬいたんだ！

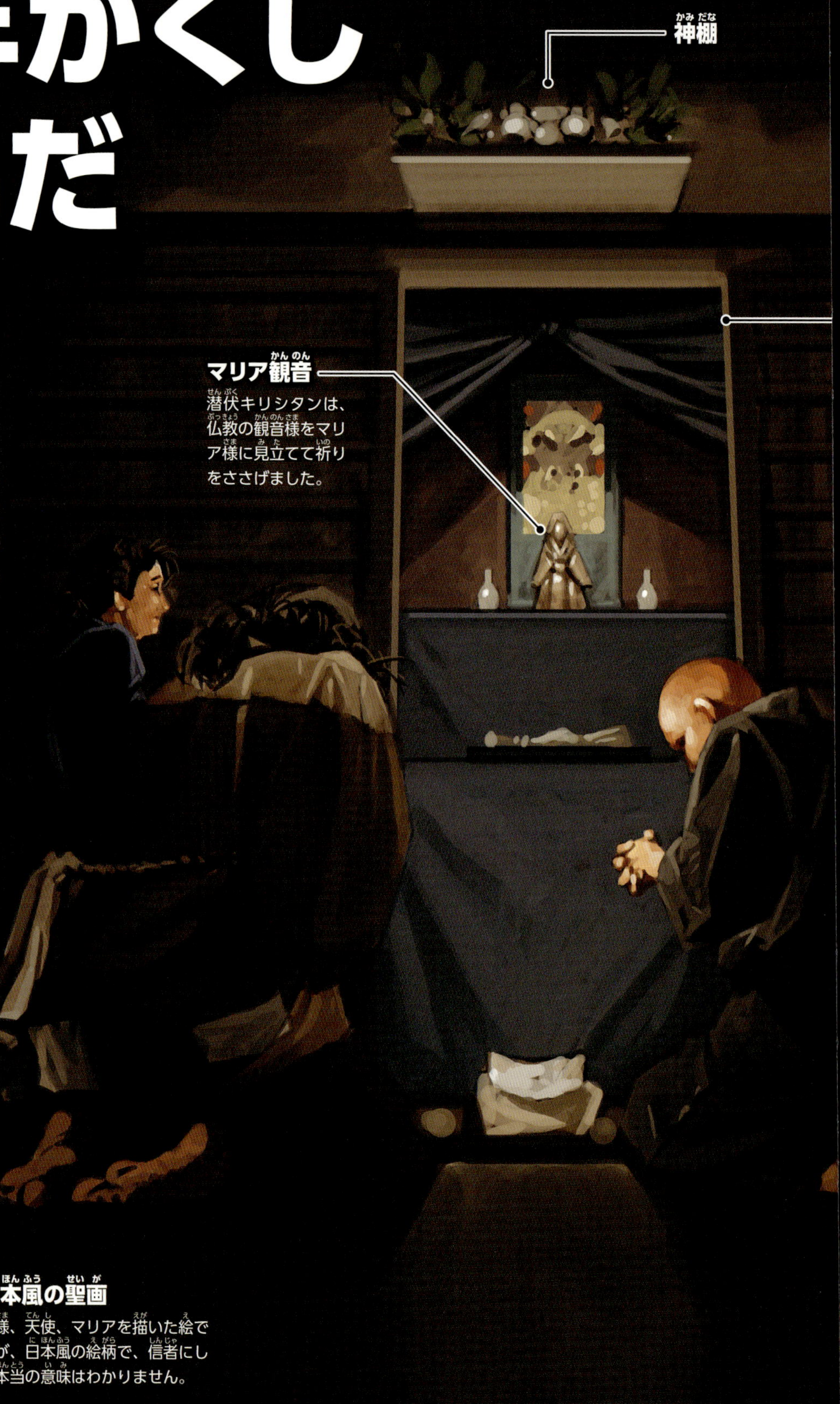

神棚
マリア観音
潜伏キリシタンは、仏教の観音様をマリア様に見立てて祈りをささげました。

仏教徒などをよそおう

キリスト教が禁じられると、キリシタンたちは仏教徒になることを強いられました。潜伏キリシタンとなったかれらは、表向きは寺の檀家や神社の氏子をよそおい、その決まりにしたがいながらも、さまざまに工夫をこらして信仰をかくし通したのです。

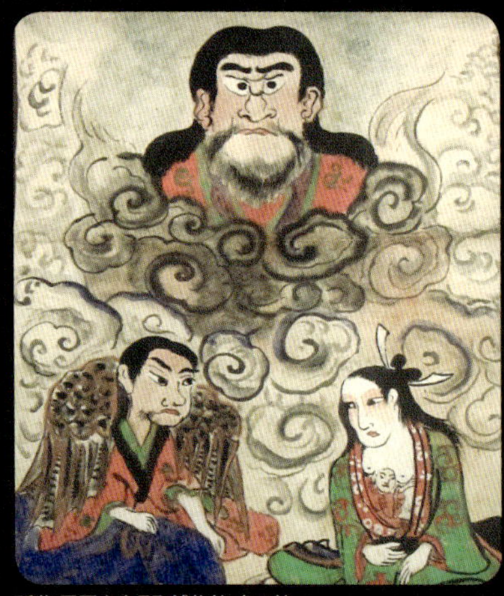

日本風の聖画

神様、天使、マリアを描いた絵ですが、日本風の絵柄で、信者にしか本当の意味はわかりません。

所蔵:平戸市生月町博物館・島の館

魔鏡とよばれたふしぎな鏡

日本には昔から魔鏡という鏡があり、この鏡に反射させた光には絵や文字が浮かびます。潜伏キリシタンは、この鏡でキリスト像や十字架を映し、ひそかに信仰をつづけました。

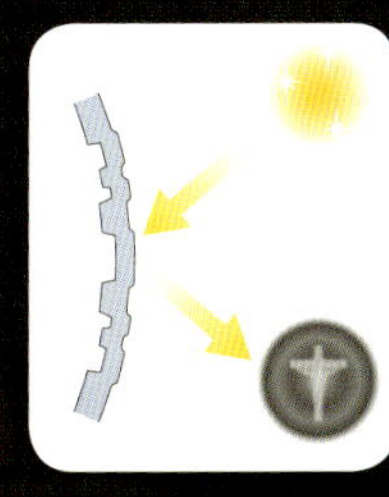

鏡のうらに絵をきざみ、表を鏡がうすくなるまでみがきます。すると、うらの絵に合わせて表にもかすかな凸凹ができるので、反射させた光に絵が浮かぶのです。

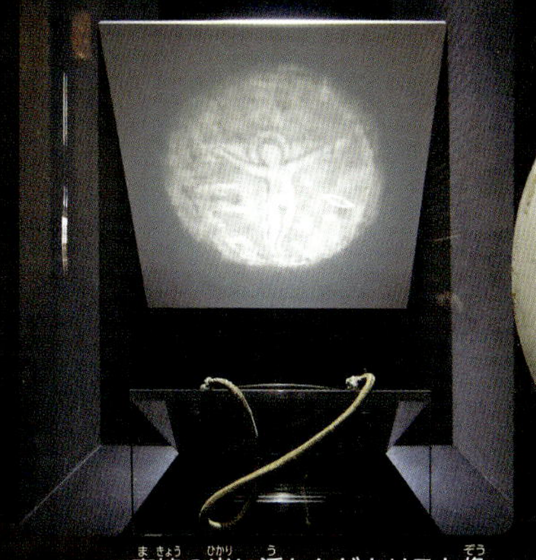

▲魔境の光に浮かんだキリスト像。

▲江戸時代に使われていた魔鏡。

所蔵:2点とも西南学院大学博物館

納戸神

潜伏キリシタンは、信仰をかくすために部屋には仏壇や神棚を置きました。しかし、ふだんは開けることのない納戸という押し入れに祭壇をつくって、マリア観音や聖画を祭ったのです。

仏壇

文字にしない口にしない

潜伏キリシタンは、「オラショ」とよんでいた祈りの言葉を、役人たちに見つからないよう、ふだんは声に出さずにとなえたり、文字で残さずに口伝えで子や孫に教えました。

祈りの岩(長崎市外海)

山中にある巨大な岩で、この地域の潜伏キリシタンは年に一度だけ、この岩のかげにかくれてオラショをとなえました。

自分たちなりの信仰を生みだす

宣教師などキリスト教の正しい教えを伝える人がいなくなると、潜伏キリシタンはキリスト教の教えを自分たちなりに考え、理解しようとしました。そして、次第に本来のものとはちがう信仰の形を生みだしました。

正月飾りの幸木(天草市)

日本のしめなわの下に、十字架風の飾りをつくり、さらにキリストへの食事を、臼にかくしておそなえします。

巨大なスギの木が生える森と水の島

屋久島

■屋久島 ■自然遺産 ■1993年 ■鹿児島県屋久島町

日本

インディはかせのポイント!

屋久島は、九州の南端から南へ60kmほどの海に浮かぶ、五角形の島だ。東京23区と同じくらいの面積の島には、九州一高い宮之浦岳(標高1936m)などの山が連なっていて、「洋上のアルプス」ともよばれているよ。島の90%は森林で、よく知られた「屋久杉」をはじめ、たくさんの樹木におおわれた、緑の山の島なんだ!

ウィルソン株

約400年前に切られた、巨大な屋久杉の切り株。大人の胸の高さでの直径は13.8mあります。大正時代に屋久杉をしらべた、植物学者ウィルソン博士にちなんで名前がつけられました。切られたとき、樹齢は約2000年だったと考えられています。

Q 屋久杉はふつうのスギとなにがちがうの?

A ふつう、スギの寿命は500年ほどですが、屋久島には樹齢2000年以上のものも多いです。島では樹齢1000年以上のスギを「屋久杉」、それ未満のスギを「小杉」とよびます。雨が多く、栄養の少ない土地に育つ島のスギは成長がとてもおそく、そのぶん長生きすると考えられています。

 ■正式名称 ■遺産の種類 ■登録年 ■地域名

ウィルソン株の内部は空洞で、泉がわきでています。内部の広さはたたみ10枚ほどです。アメリカの植物学者であるウィルソン博士が、洞窟と思って雨宿りに入ったことが、この切り株の発見につながりました。

みどころ

縄文杉

確認されているなかで最大の屋久杉です。高さは25m以上、おとなの胸の高さでの周囲は16.4mもあり、ずんぐりしています。はっきりとした樹齢は不明ですが、2000年～7200年と考えられています。縄文杉のほかにも、名前のついた屋久杉の大木があります。

屋久島

小さな島に日本がぎゅっ！

インディはかせのポイント！

屋久島の海岸近くはあたたかい。でも、山にのぼるにつれて気温は下がり、標高1600mをこえると北海道なみの気温になる。冬は雪だって積もるんだ。植物も、標高によって亜熱帯のものから亜高山帯のものまで見られ、まるで日本列島を南から北へ見ていくようだよ。屋久島は直径30kmほどの小さな島だけど、日本の自然がつめこまれているんだ！

ヤクシマダケの草原

標高1800m以上の高地は高い木が育たず、固有種のヤクシマダケがしげる草原になっています。山頂近くには、花崗岩の大きな岩がいくつも見られます。

屋久杉の森

標高900mから1600mまでは、屋久杉が中心の森です。森の中はしめり気が多く、コケにおおわれています。標高1700mあたりでは、屋久杉は背が低く、樹皮がはがれて白くなった「白骨樹」になります。

照葉樹の森

平地から標高1000mまでは、シイやカシなどの照葉樹(一年中緑の葉をつけた広葉樹)の森です。屋久島のこの森の広さは、世界的に見ても最大級といわれています。

黒潮の海

島の周囲の海にはあたたかい黒潮が流れていてサンゴ礁も見られます。海岸はウミガメの産卵地になっていて、産卵のために上陸するウミガメの数は日本一です。

クローズアップ！

屋久島はひと月に35日雨が降る？

屋久島は、「ひと月に35日雨が降る」といわれるほど、雨の多い場所です。1年間に、日本の平均よりも約5倍の雨がふりますが、この雨が屋久島のゆたかな森を育てているのです。

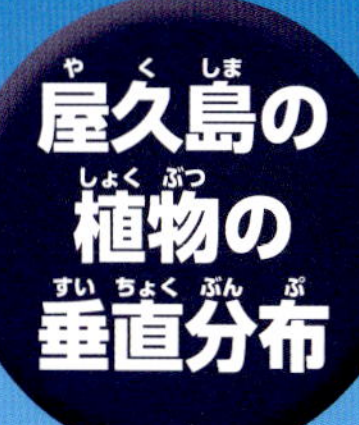

イッスンキンカ

標高1200m以上の山の岩場に生える小さな植物で、屋久島の固有種。8〜9月に花をさかせます。

ヤクシマシャクナゲ

屋久島の固有種で、約3年ごとに花が多くさきます。花はさくとピンク色から白色にかわります。

ヤクシカ

ニホンジカのなかまで、体が小さく、角も小さめです。おもにふもとの森から屋久杉の森で見られます。

ヤクシマザル

ニホンザルのなかまで、体がひと回り小さく、毛は長くて黒っぽいです。屋久島にだけ生息しています。

ガジュマル

海岸付近に生えるガジュマルは、亜熱帯の植物です。屋久島が、世界でいちばん北にある生育地です。

アカウミガメ

あたたかい海にくらし、産卵のために上陸します。屋久島は、北太平洋最大のアカウミガメの産卵地です。

1936m
1800m
1500m
1000m
500m
100m
0m

ヤクシマダケの草原
屋久杉の森
照葉樹の森
亜熱帯性の海岸植物
黒潮の海

日本の植物の水平分布

札幌
青森
仙台
金沢
京都
高知
鹿児島
屋久島

南の島で栄えた王国の城跡をめぐる

琉球王国のグスク

■琉球王国のグスク及び関連遺産群 ■文化遺産 ■2000年
■沖縄県今帰仁村、読谷村、北中城村、中城村、うるま市、那覇市、南城市

日本

北殿

琉球王国の行政施設です。御庭をはさんで向かいあった南殿は、薩摩藩の役人を接待する場所です。登城してきた人の受け付けをする番所もありました。

インディはかせのポイント!

日本のいちばん南西にある県、沖縄県。そこには昔、日本とはちがう、独立したひとつの国があった。それが琉球王国だよ！　グスクとは、王や有力者（按司）がくらしたり、政治をおこなった「城」のことなんだ。琉球国王が住んだ首里城跡と有力者が住んだ４つのグスク、それに国王の墓（陵墓）や宗教的聖地が、まとめて世界遺産になっているよ。

首里城跡

首里城は第二次世界大戦で破壊されたため、1992年に復元されました。もともとの遺構は地下に埋めて保存されています。

Q 琉球王国ってどんな国？

A 北山、中山、南山の3勢力で争っていた沖縄諸島を、1429年に中山王の尚巴志が統一して生まれた国です。中国と冊封関係（形の上で中国の臣下になり、それぞれの地域の支配をみとめられる）を結び、中国や東南アジア、日本との間で貿易をおこない利益を得ていました。1609年に薩摩藩の侵攻を受けてからは事実上、薩摩藩に支配され、1879年に日本に組みいれられました。

制作：東京藝術大学保存修復日本画研究室
所蔵：一般財団法人沖縄美ら島財団

第二尚氏王朝第18代国王の尚育王。

守礼門

守礼門は城郭（城壁にかこまれた場所）の外にあり、中国からの使節を出むかえるための門です。

正殿

国王が政務や宗教的儀式などをおこなう場所で、琉球王国最大の木造建築でした。正殿の裏側には、王や王妃が生活するための御内原という区域がありました。

玉座（御差床）

正殿の１階と２階それぞれに玉座があります。２階には中国・清の皇帝からおくられた「中山世土（琉球は中山王＝琉球国王の土地）」の額が飾られていました。

御庭

さまざまな儀式がおこなわれた場所です。中央の道を「浮道」といい、国王など身分の高い人だけが使いました。

クローズアップ！ 琉球王国の聖地

琉球王国では、独自の多神教が信仰されていて、御嶽とよばれる拝所が各地にあります。そのなかでも斎場御嶽は琉球王国で最高の聖地とされ、王族の女性がつとめた最高位の神職・聞得大君が管理していました。

斎場御嶽

王国統一と王権強化のあと

日本

インディはかせのポイント!

1429年に尚巴志によって統一された琉球王国だけど、その後も王族や「按司」とよばれる有力者の間で、権力争いがおこったんだ！　世界遺産になっているグスクにも、それらの争いにまつわる話がいろいろと伝わっているよ。

クローズアップ！ 反逆者？ 英雄？ 城主・阿麻和利

勝連城最後の主、阿麻和利は琉球国王・尚泰久の娘と結婚した有力者で、琉球国王の座をねらったものの、王国軍に攻められて死んだ反逆者といわれています。しかし、沖縄の古い歌(おもろ)には、彼を英雄とたたえるものがあり、王国側の残した記録と、実際におきたことはちがっていたかもしれません。

曲線を生かした城壁

城壁は自然の地形を生かして、曲線が多いつくりになっています。日本のほかの城とは、印象がちがっています。

みどころ

ライバル・護佐丸の城

琉球王国の忠臣であった護佐丸は城づくりの名人で、彼のつくったふたつの城が世界遺産になっています。護佐丸は、阿麻和利の「護佐丸がむほんをおこそうとしている」といううそのうったえで王国軍に攻められますが、さからわずに自殺したといわれています。

座喜味城跡

北部を監視するためにつくられた城です。

中城城跡

阿麻和利を監視するために完成させた城です。

勝連城跡

勝連城は、沖縄島中部、勝連半島の小高い丘の上に建てられ、攻めるのが難しい城であったと考えられています。最後の城主・阿麻和利が死んだあと、使われなくなりました。

城内にかならず祈りの場所がある

当時の城内には、いくつも御嶽（拝所）がありました。写真はいちばん上の一の曲輪にある玉ノミウヂ御嶽で、大きな石がご神体になっています。

瓦が出土した二の曲輪・舎殿跡

勝連城の二の曲輪には、大きな建物の柱の跡（礎石）が残っていて、重要な建物があったと考えられています。ここでは当時ではめずらしい瓦が発掘されています。

※コインの写真は実物の2倍の大きさです。

提供：うるま市教育委員会

ローマ帝国のコインが出土！

勝連城からは、ローマ帝国のコインが出土しました。これは、勝連城の城主が中国など海外と貿易をおこなっていた証拠だと考えられています。

みどころ

北山王の居城

今帰仁城は、琉球統一前の北山王の城。北山王は独自に中国と貿易をしていましたが、尚巴志にほろぼされました。琉球王国時代、城には北部を監視する役人が派遣されました。

今帰仁城跡

地形に沿って曲線を描く城壁が見事な城です。

北の地に花開いた個性的な文化

北海道・北東北の縄文文化

遺産候補

日本

■北海道・北東北の縄文遺跡群 ■文化遺産候補 ■北海道、青森県、岩手県、秋田県

インディはかせのポイント!

いまから約1万5000年前に始まった、縄で模様をつけた土器に代表される時代が、縄文時代だ！ 人々は動物を狩り、植物をとって食べ、自然をおそれうやまいながらくらしていたんだ。北海道や北東北に残るその時代の貴重な遺跡、約18か所が遺産候補だよ！

大湯環状列石(秋田県)

環状列石(ストーンサークル)は、円形にならべられた石で、この遺跡では7000個以上の石が使われています。日時計状の列石もあり、死者を見送るための儀式などに使われたようです。

北海道
青森県
秋田県 岩手県

北黄金貝塚(北海道)

貝塚とは、縄文人が食べた貝のからや動物の骨を捨てた場所です。ここでは大量のホタテガイのからや、エゾシカの骨が出てきました。

クローズアップ!

個性ゆたかな土偶

土偶は、縄文時代につくられた土製品で、女性や自然の精霊などをあらわしていると考えられています。北海道、東北からは個性ゆたかな土偶が出土しています。

中空土偶

北海道で見つかった、中が空洞の土偶です。国宝に指定されています。所蔵:函館市

遮光器土偶

東北を代表する土偶で、メガネをかけたような顔が特ちょうです。

出典:国立博物館所蔵品統合検索システム

徳川幕府をささえた金銀鉱山

佐渡金山

■金を中心とする佐渡鉱山の遺産群 ■文化遺産候補 ■新潟県佐渡市

インディはかせのポイント!

佐渡金山は、1601年に見つかった日本最大の金銀鉱山だ。徳川幕府をささえ、明治時代になってからも開発が進められ、1989年に閉山するまでの約400年間に、78tもの金が掘りだされたんだよ！

道遊の割戸

江戸時代の露天掘りの跡です。坑道を掘らず、金がふくまれた鉱脈（岩の割れ目にある鉱物のかたまり）を地上から掘りすすんだ結果、山に大きな割れ目ができてしまいました。

道遊坑

道遊の割戸と同じ鉱脈を掘るために、明治時代になってからつくられた坑道です。

Q 時代劇に出てくる佐渡送りってなに？

A 江戸時代には、農業ができなくなってにげてきた農民、軽い罪をおかした人、かけ事をする人など、決まった家をもたない「無宿人」が、江戸や大坂に集まりました。幕府は町の治安を守るために無宿人をとらえ、佐渡金山に送って、ふつうの坑夫とはちがう、きびしい仕事につかせたのです。

江戸時代の坑夫たち
（佐渡金山内の模型）

武士がつくりあげた東の都

鎌倉

遺産候補

- 武家の古都・鎌倉
- 文化遺産候補
- 神奈川県鎌倉市、横浜市、逗子市

神奈川県
鎌倉

日本

インディはかせのポイント！

鎌倉は、源頼朝が武士としてはじめて幕府を開いた町だよ！ 武士の信仰を集めた禅宗寺院が多くつくられ、京の都の貴族文化とはちがう、新しい文化が生まれたんだ！

クローズアップ！ 地形を利用して町を守る

鎌倉の東・西・北をかこむ山には、敵の侵入にそなえ、わざと「切通」というせまい道がつくられました。

名越切通

いまでもいくつかの切通が残り、自然ゆたかなハイキングコースになっています。

銅造阿弥陀如来坐像

通称、鎌倉大仏。高さ約13m。1252年に建造が始まりました。いまもほぼ当時のままのすがたで残っていて、国宝に指定されています。

幕府をささえた井伊家の城

彦根城

遺産候補

- 彦根城
- 文化遺産候補
- 滋賀県彦根市

インディはかせのポイント！

彦根城は、徳川家康の時代から徳川家を、そして徳川幕府をささえた井伊家の城なんだ。西日本の大名たちへにらみをきかす、重要な城だったんだよ！

天守

江戸時代以前につくられた城で、当時のままの天守が残っているのは、わずか12城だけ。彦根城はそのひとつです。国宝。

クローズアップ！ リサイクルで城づくり

彦根城は、この地の前領主だった石田三成の佐和山城など、近くの古い城から建物を移築したり、材料を集めたりしてつくられました。昔の城はリサイクルされていたのです。

天秤櫓

豊臣秀吉が建てた長浜城から移築しました。

琵琶湖
彦根城

統一国家「日本」が生まれた都

飛鳥・藤原の宮都

遺産候補

■飛鳥・藤原の宮都とその関連資産群 ■文化遺産候補 ■奈良県橿原市、桜井市、明日香村

インディはかせのポイント！

飛鳥や藤原は、６世紀末から８世紀のはじめにかけて、都が置かれた場所だよ。当時進んでいた、中国（隋・唐）の社会のしくみや文化を取りいれ、新たに「日本」という国がまとめられていったんだ。

飛鳥宮跡

皇極天皇がつくった宮殿の跡です。645年に、中大兄皇子（天智天皇）と中臣鎌足が、蘇我入鹿を暗殺し、蘇我氏をほろぼした「乙巳の変」の舞台となりました。

高松塚古墳壁画

高松塚古墳は藤原京時代の古墳で、1972年、中から、描かれた当時の色が残った壁画が見つかりました。

クローズアップ！ ふしぎな石の文化

飛鳥や藤原の地には、ふしぎな石がいくつも見られます。古代に人の手によって加工されているのはたしかですが、なんの目的でつくられたものなのか、その多くは正体が不明です。

鬼の雪隠

雪隠とはトイレのこと。古墳の、棺を収める石室の跡と考えられています。

酒船石

平らな岩の上に円形のくぼみと溝が彫られています。やはり正体は不明です。

亀石

岩が亀のようなすがたに彫られていますが、その正体はわかっていません。

100年以上にわたって形成された大古墳群

百舌鳥・古市古墳群

遺産候補

■百舌鳥・古市古墳群 ■文化遺産候補 ■大阪府堺市、羽曳野市、藤井寺市

日本

インディはかせのポイント!

百舌鳥・古市古墳群は、大阪府南部にある大きな古墳群だよ！ 古墳は、古代の王や有力者とその一族の墓で、３世紀中期から奈良盆地でつくられるようになり、４世紀後半になると大阪でもつくられはじめたんだ。しかも、大仙古墳をはじめ巨大なものが多いことから、奈良にいた王家から大阪にいた王家に、権力が移ったと考える人もいるよ。古墳はその後、日本全国でつくられるようになったんだ！

琵琶湖

大阪湾

百舌鳥・古市古墳群

陪塚とよばれる小さな古墳で、大仙古墳にほうむられた人の親族や家来の墓と考えられています。

クローズアップ! 大仙古墳は世界最大級

古代につくられた墓で、世界最大と話題になるのが、古代エジプトのクフ王のピラミッドと、中国・秦の始皇陵です。大仙古墳は、それらに負けずおとらずの大きさをもっていて、これら３つを世界三大墳墓とよぶこともあります。

高さではクフ王のピラミッドが勝りますが、広さでは大仙古墳が勝ります。

古市古墳群

古市古墳群は、120基以上の古墳がつくられ、そのうち45基が残っています。墳丘の長さが425mで日本第２位の大きさをもつ誉田御廟山古墳（応神天皇陵）など、長さ200m以上の古墳が７基もあります。

古墳の上やまわりには、円筒埴輪が置かれていたと考えられています。（保渡田八幡塚古墳／群馬県高崎市）

大仙古墳（百舌鳥古墳群）

大仙古墳は日本最大の古墳で、墳丘の長さが486m、三重の堀までふくめると840mもあります。仁徳天皇の墓とも伝えられていますが、はっきりとわかっていません。大仙古墳のある百舌鳥古墳群には100基以上の古墳があったとされ、そのうち44基が残っています。

古墳の斜面には、石がしきつめられていたと考えられています。（亀塚古墳／大分県大分市）

Q 古墳には種類があるの？

A 古墳には、円形の円墳、四角形（方形）の方墳、前後とも四角形の前方後方墳、前が四角形、うしろが円形の前方後円墳などがあります。これらの形や大きさは、つくられた時代や地域、埋葬された人の身分によってちがいます。

日本の南に連なる島々の希少な生きものたち

奄美・沖縄

遺産候補

■奄美大島、徳之島、沖縄島北部及び西表島 ■自然遺産候補
■鹿児島県奄美大島、徳之島、沖縄県沖縄島（北部）、西表島

日本

インディはかせのポイント！

九州の南西に点々とならぶ島々を琉球列島というよ。多くの島に共通する生きものがいる一方で、島ごとに世界中でもその島にしかすんでいない、固有のめずらしい生きものがいる、そんなふしぎな場所なんだよ！

ナナホシキンカメムシ

奄美大島より南の島々にすむカメムシのなかまで、台湾から東南アジアでも見られます。

Q なぜ島ごとに生きものがかわるの？

A 琉球列島は、数百万年前からユーラシア大陸や本州と陸続きになったりはなれたりをくりかえしてきました。生きものは陸続きのときに大陸から渡ってきましたが、島の位置によって陸続きだった時期も長さもことなり、さらに島ごとに独自の進化をしてきたので、種のちがいが生まれたのです。

 ■名称 ■遺産の種類 ■地域名

奄美大島・徳之島
森が多い島で、アマミノクロウサギ、ルリカケスなど、これらの島だけにすむ固有種や、ケナガネズミなど沖縄島北部と共通する固有種が見られます。
沖縄島北部
地元で「やんばる」とよばれる、森におおわれた山地があります。ヤンバルクイナやノグチゲラ、リュウキュウヤマガメなどの固有種が見られます。
西表島
川が多い島で、谷間の入りくんだ森があります。イリオモテヤマネコやセマルハコガメなど、ちかいなかまが大陸にいる生きものが多く見られます。
ヤンバルクイナ
ほとんど飛ぶことができない鳥で、世界でも沖縄島北部の森にだけすんでいます。
ヤンバルテナガコガネ
沖縄島北部の森にしかすんでいない日本最大の甲虫。オスの前肢がとても長いことが特ちょうです。
セマルハコガメ
日本では西表島と石垣島にだけすむカメで、中国と台湾になかまがすんでいます。
アマミノクロウサギ
奄美大島と徳之島にだけすむウサギで、世界にはほかになかまがいない、めずらしい種です。
イリオモテヤマネコ
西表島だけにすむ野生のネコです。東アジアになかまがいますが、島で独自に進化したため体の特ちょうにちがいが見られます。

意外な!? 世界遺産

現在登録されている世界遺産は1000件以上。なかには、ちょっとかわっためずらしいものもあります。

本だけが魅力じゃない!

ストラホフ修道院・図書館（チェコ）

1992年に世界文化遺産に登録された「プラハ歴史地区」にある修道院の図書館。17〜18世紀に神学の間・哲学の間のふたつの図書館がつくられ、神学の間の天井にはごうかな細工がほどこされています。

人類の知恵の結晶

ビスカヤ橋（スペイン）

上を通るのではなく、ケーブルでつるされたゴンドラに人や車を乗せて川を渡る橋です。運搬橋としては世界最古。人類の知恵の結晶として、2006年世界文化遺産に登録されました。

飾られた頭蓋骨!?

ハルシュタットの教会墓地（オーストリア）

1997年に世界文化遺産に登録された町・ハルシュタットにあるカトリック教会墓地。平地の少ない土地のため、土葬後20年たった遺体を掘りだして、場所をあける習慣がありました。掘りだされた頭蓋骨は花や葉が描かれて納骨堂に収められました。

DVD ちょっとミステリーな世界遺産

エヴォラ・セドレツ・エディンバラ

世界の世界遺産

ヨーロッパ
146ページ
文化遺産の数が多く、自然遺産の割合は、ほかの地域とくらべてもとても少ないです。

フランス
モン-サン-ミシェル
ヴェルサイユ宮殿

イギリス
ストーンヘンジ
ジャイアンツ・コーズウェー

スペイン
アントニ・ガウディの作品群
アルタミラ洞窟

ドイツ
ケルン大聖堂

ポーランド
アウシュヴィッツ

バチカン市国
バチカン市国

イタリア
ローマ歴史地区
ポンペイ
フィレンツェ歴史地区

ギリシャ
アテネのアクロポリス
メテオラ
オリンピアの古代遺跡

スイス、イタリア
レーティシュ鉄道

アルジェリア
タッシリ・ナジェール

エジプト
メンフィスとその墓地遺跡

ザンビア、ジンバブエ
ヴィクトリアの滝

ナミビア
ナミブ砂海

ジンバブエ
グレート・ジンバブエ

トルコ
カッパドキア

インド
エローラ石窟群
タージ・マハル

エルサレム
エルサレム旧市街

マダガスカル
チンギ・デ・ベマラ

タンザニア
セレンゲティ国立公園

インディはかせのポイント!
この章で紹介する日本以外の世界遺産は、63か所。アジア、ヨーロッパ、アフリカ、北中米、南米・オセアニアの5つの地域ごとに紹介するよ！

●文化遺産 ●自然遺産 ●複合遺産

アフリカ
164ページ
文化遺産の割合が高めです。また、多くの動物がくらす自然遺産も数多くあります。

アジア

130ページ

歴史が古く文化遺産が多いです。自然が残っている場所もあり、自然遺産もたくさんあります。

北中米

170ページ

古代の遺跡が文化遺産となっているところもあります。また、ダイナミックな自然遺産が多くあります。

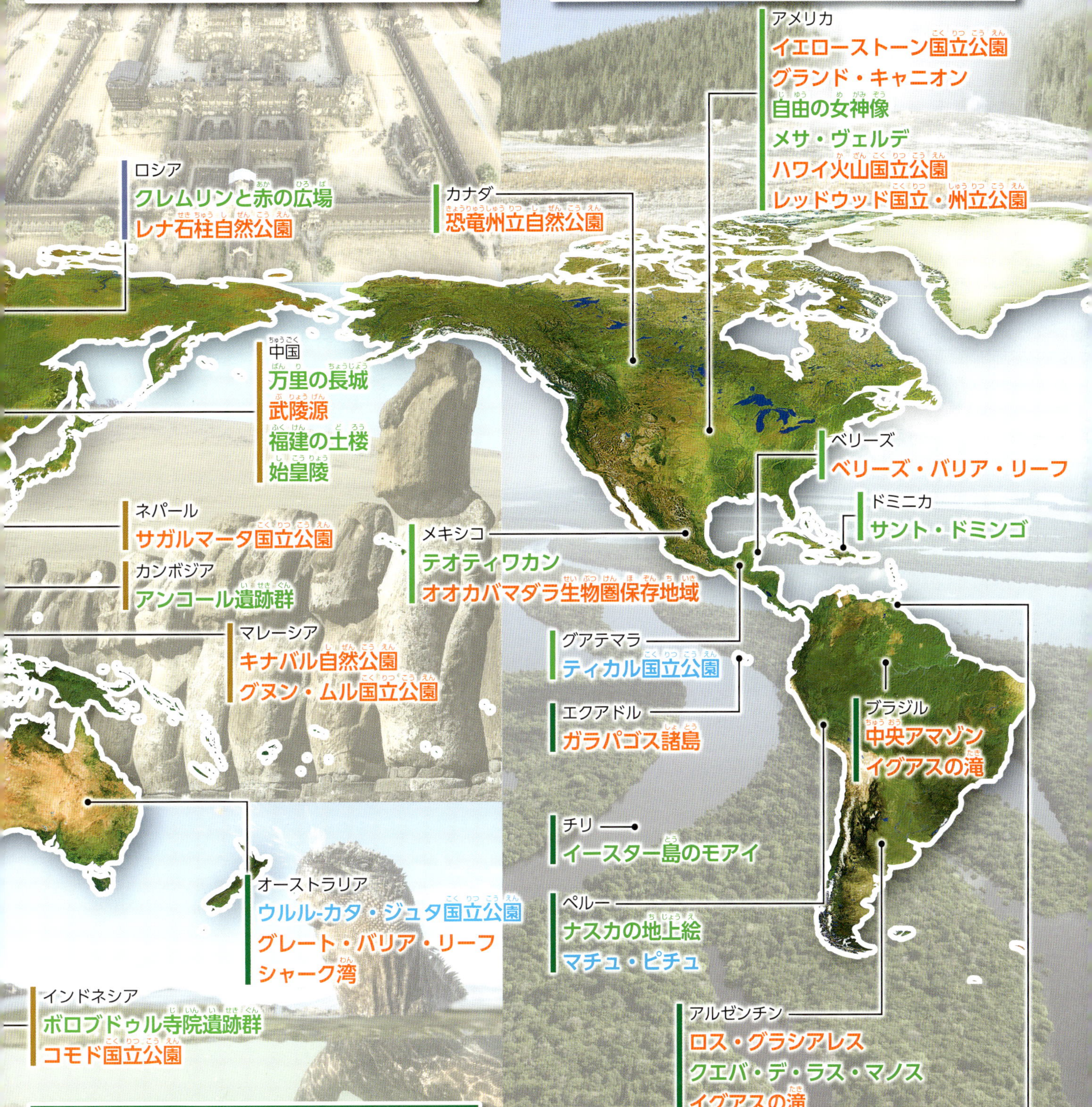

アメリカ
イエローストーン国立公園
グランド・キャニオン
自由の女神像
メサ・ヴェルデ
ハワイ火山国立公園
レッドウッド国立・州立公園

ロシア
クレムリンと赤の広場
レナ石柱自然公園

カナダ
恐竜州立自然公園

中国
万里の長城
武陵源
福建の土楼
始皇陵

ベリーズ
ベリーズ・バリア・リーフ

ドミニカ
サント・ドミンゴ

ネパール
サガルマータ国立公園

メキシコ
テオティワカン
オオカバマダラ生物圏保存地域

カンボジア
アンコール遺跡群

マレーシア
キナバル自然公園
グヌン・ムル国立公園

グアテマラ
ティカル国立公園

エクアドル
ガラパゴス諸島

ブラジル
中央アマゾン
イグアスの滝

チリ
イースター島のモアイ

オーストラリア
ウルル-カタ・ジュタ国立公園
グレート・バリア・リーフ
シャーク湾

ペルー
ナスカの地上絵
マチュ・ピチュ

インドネシア
ボロブドゥル寺院遺跡群
コモド国立公園

アルゼンチン
ロス・グラシアレス
クエバ・デ・ラス・マノス
イグアスの滝

ベネズエラ
エンジェル・フォール

南米、オセアニア

182ページ

南米には熱帯雨林などの自然遺産が多く、オセアニアは自然遺産と複合遺産が多いです。

山々をわたる世界最大の建造物

万里の長城

■万里の長城 ■文化遺産 ■1987年 ■中華人民共和国

万里の長城は、別々の国がつくっていた城壁をつなげたり新しく足したりして、のばしていったものです。総延長は約2万1000kmもあったと考えられています。

城壁のところどころに、見はり台や敵の攻撃にそなえて軍隊を置き、物や人の出入りをとりしまる大がかりな関所などもつくられました。関所は、商業の場としても栄えました。

長期にわたる大事業

古代中国では、強大な力をもつ王がおさめる国家が乱立し、争っていました。それらの国家を統一した王が皇帝を名乗り、中国をおさめたのです。万里の長城は、皇帝たちにとって、国を守り、権力をしめす大事業でした。そのため歴代の皇帝は、ばくだいなお金と数十万の人々を使って、工事をくりかえしました。

始皇帝

紀元前221年、中国を統一した秦の皇帝。はじめて城壁をつなげ、修理や建造を進めました。

城壁の高さは6~9mで、通路の壁で敵の矢から身を守りながら、矢をはなったり石を落としたりしました。

城壁は、北方に住む「匈奴」とよばれる騎馬民族などの侵入を防ぐのに役立ちました。敵が攻めてきても、馬では壁をこえられないので降りなくてはならず、そのすきに城壁の上から攻撃して追いかえします。

Q どうやってつくったの?

A 城壁のつくり方は時代によってかわり、古くは、木の板でつくったわくに土などをつめ、かためてからわくをはずす土の壁のようなものでした。しだいに、かたいレンガでつくった壁の間に土を入れて、つきかためるようになりました。現在残っているのは、ほとんどがこの方法でつくられたものです。

深い山にそそり立つ奇岩の森

武陵源

■武陵源の自然景観と歴史地域 ■自然遺産 ■1992年 ■中華人民共和国

アジア

中国

インディはかせのポイント！

孫悟空があらわれそうな、ふしぎな岩の森。ここは、中国の山奥にある武陵源だ！約４億年前は、海の底だった場所だけれど、長い時間をかけて地上に出て、雨や風にけずられて独特のすがたになった。貴重な動植物がたくさんくらすことも評価され、自然遺産に登録されたよ！

そそり立つ岩の柱の数は、武陵源全体で3100本以上もあり、その高さは数十メートルから400mちかくのものまでさまざまです。また、あたりには岩だけでなく、けわしい山々の間に深い谷や川、鍾乳洞なども見られます。岩の森に負けないくらい緑の森林も広がっていて、たくさんの動植物のすみかとなっています。

Q どうやってできたの？

A 大昔、武陵源の一帯は海の底でした。地殻変動で陸地になり、長い時間をかけて、割れ目などのやわらかい部分がけずりとられていったのです。

海の底に生きものの死がいや砂などがたまっていき、地層になります。

約２億年前にもりあがって陸地になり、割れ目ができます。

雨風で地層が割れ目に沿ってけずられ、残った部分が岩の柱になります。

いまも変化しつづける地形

武陵源の地形の変化は、ゆっくりと進んでいます。いまは平らな場所でも、けずりとられたり、くずれ落ちたりして、やがて、まったくちがう光景にかわるでしょう。

武陵源の風景は、中国で生まれた「山水画」という絵画にたとえられるよ。

みどころ

奇岩の森でドキドキ体験

けわしい山奥にある武陵源一帯は、人々がおとずれるような場所ではありませんでした。でも、いまでは遺産を守る一方で、楽しめる施設もつくられています。

鍾乳洞

地形が変化するときにできた鍾乳洞が、40ちかくもあります。写真の黄龍洞は、洞窟の面積が10万㎢もある、アジアで最大級の鍾乳洞です。

ロープウェイ

山頂と結ぶロープウェイは、けわしい山や岩の間、森の上空を通りぬけるようにつくられ、景色を楽しみながらスリルを味わうことができます。

エレベーター

袁家界景区には、崖にへばりつくようにつくられた、ガラスばりのエレベーターがあります。屋外では世界一高い326mを、2分でのぼります。

密林からよみがえった石の都城

アンコール遺跡群

■アンコール ■文化遺産 ■1992年 ■カンボジア王国

インディはかせのポイント!

約1200年前から600年間栄えた、アンコール王朝の建造物だ！　石づくりの寺院や建物が建ちならび、町には100万人も住んでいたらしい。でも国がほろび、19世紀半ばにフランスの学者がこの場所をおとずれるまで、密林にうもれてしまっていたんだ！

アンコール・ワット

12世紀前半に30年以上かけて建てられた、ヒンドゥー教の寺院です。16世紀には、仏教の寺院にかわりました。重さ1tの石を、100万個以上も積みあげています。

中央塔
高さ65m。アンコール・ワットの中心で、神が降りたつ場所とされています。

第2回廊

第3回廊

沐浴場
4つの沐浴場に水が入っていて、礼拝の前に体を清めたと考えられています。

十字形中回廊
たくさんの柱でできています。

アンコール・ワットの回廊の壁などに、「デーヴァター」とよばれる女神のすがたが、いくつもきざまれています。

アンコール・トム

まわりを高い城壁と堀にかこまれた都市です。中心には仏教寺院のバイヨンがあり、ほほえみを浮かべた巨大な顔が4面に彫られた塔が、いくつも見られます。

第1回廊

回廊とは、建物のまわりをかこむ廊下のことです。

タ・プローム

アンコール・トムをつくったジャヤヴァルマン7世が、なくなった母のために建てた寺院。発見されたときの状態で残され、建物の多くが巨木の根におおわれています。

Q アンコールはなぜ栄えていたの?

A アンコール王朝の王たちは神をあがめて寺院を建て、自身も神として強い権力をもって国をおさめました。また、「バライ」とよばれる貯水池をつくり、雨の降らない季節でも水を管理して農業に役立てました。そのため、人々が集まり国がゆたかに栄えたのです。

日本人もやってきた!

アンコール・ワットの柱には、江戸時代の1632年におとずれた、森本右近太夫一房という日本の武士が書いた落書きが残っています。

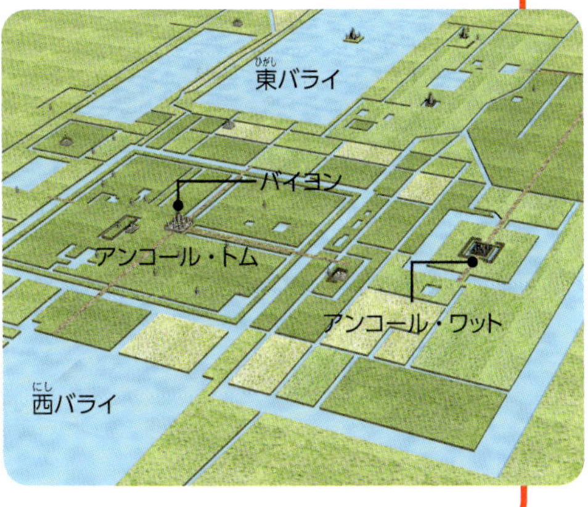

アンコール遺跡群は、自然の力と国内の争いであらされ、一時は危機遺産に登録されたよ。

岩山をくりぬいた巨大寺院

エローラ石窟群

エローラ石窟群
インド

■エローラ石窟群 ■文化遺産 ■1983年 ■インド

インディはかせのポイント!

エローラ石窟群には、石づくりの34の寺院がならんでいる。それぞれの寺院は、建築機械のない時代に、人々が心をこめて少しずつ岩を彫ってつくりあげた芸術作品でもあるんだ！

カイラーサナータ寺院

ヒンドゥー教の巨大寺院。石を積みあげて建てるのではなく、人がのみとつちを使って岩山をまるごと彫ってきざむという、おどろきの方法でつくられています。完成までには、100年もの年月がかかりました。

3つの宗教の寺院がならぶ

仏教、ヒンドゥー教、ジャイナ教という、インドで生まれた3つの宗教の寺院があります。ちがう宗教の建物がとなりあう場所は、めずらしいのです。それぞれの寺院にはたくさんの石像がならび、壁には美しいレリーフがきざまれています。

13窟から29窟までは、ヒンドゥー教の寺院です。代表的な神のシヴァ神などのすがたが、生き生きと彫られています。

6世紀から9世紀にかけて、2kmほどの距離の間に寺院がつくられていきました。

1窟から12窟までは、仏教の寺院です。中には仏陀の像が祭られ、壁にも仏像が彫られています。

30窟から34窟までは、ジャイナ教の寺院です。天井に美しいハスの花を描いた彫刻が見られます。

1000年のねむりからさめた仏教の“ピラミッド”

ボロブドゥル寺院遺跡群

■ボロブドゥル寺院遺跡群 ■文化遺産 ■1991年 ■インドネシア共和国

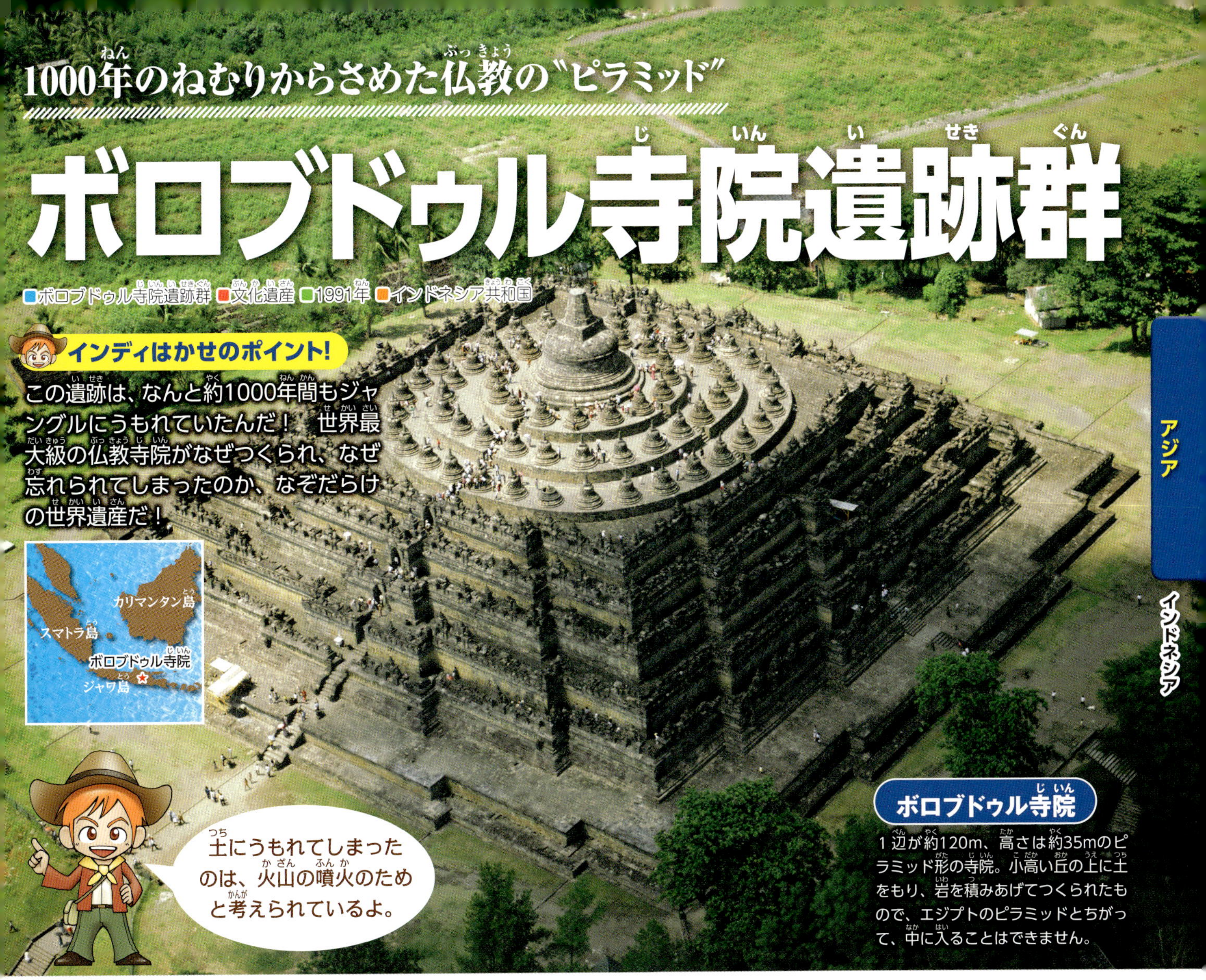

インディはかせのポイント!

この遺跡は、なんと約1000年間もジャングルにうもれていたんだ！ 世界最大級の仏教寺院がなぜつくられ、なぜ忘れられてしまったのか、なぞだらけの世界遺産だ！

カリマンタン島
スマトラ島
ボロブドゥル寺院
ジャワ島

土にうもれてしまったのは、火山の噴火のためと考えられているよ。

ボロブドゥル寺院

1辺が約120m、高さは約35mのピラミッド形の寺院。小高い丘の上に土をもり、岩を積みあげてつくられたもので、エジプトのピラミッドとちがって、中に入ることはできません。

寺院全体が仏教の教え

ボロブドゥル寺院には、合わせて504体の仏像が置かれています。一体一体のすがたや配置には、それぞれ仏教の意味がこめられています。寺院の回廊の壁にも、仏教の物語や教えを伝えるレリーフがきざまれています。

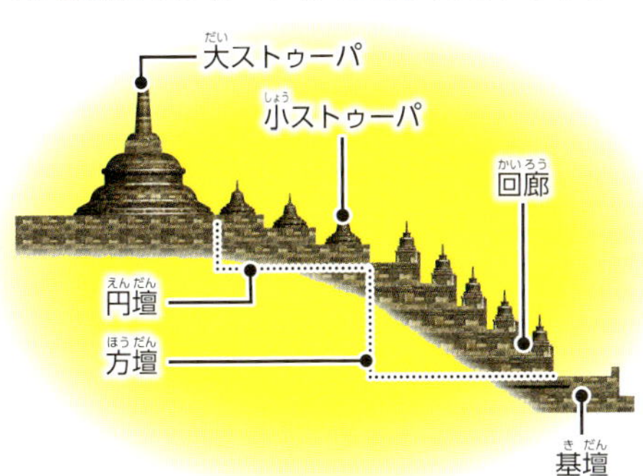

鐘のような形をした、ストゥーパとよばれる塔。ひとつひとつのストゥーパの中に、仏像が収められています。

回廊の壁にきざまれたレリーフ。歩きながら順番に見ていくと、ひとつの物語になっています。

回廊の壁には、432体の仏像がならんでいます。寺院全体で、仏教の世界をあらわしているといわれています。

3つの宗教が定める聖地

エルサレム旧市街

■エルサレムの旧市街とその城壁群 ■文化遺産・危機遺産 ■1981年 ■ヨルダン・ハシェミット王国による申請

インディはかせのポイント!

エルサレムは、長くて複雑な歴史をもつ都市だ。キリスト教、イスラム教、ユダヤ教の3つの宗教にとって大切な場所で、世界中から信者がおとずれるよ!

アジア

エルサレム

エルサレム旧市街
エジプト

聖墳墓教会

エルサレム旧市街は、エルサレムのなかでも城壁にかこまれた約1㎢の場所です。3つの宗教に深い意味をもつ遺跡などがいくつも残っています。聖地をめぐって、たびたび争いもおこってきました。

聖墳墓教会

イエス・キリストが十字架にかけられた場所に建てられた聖堂。イエスは、内部にある墓から復活したとされています。

岩のドーム

イスラム教の建築物。「聖なる岩」をおおうように建てられ、祈りをささげる場でもあります。ドームの中に入れるのはイスラム教徒だけです。

※エルサレム旧市街は危機遺産に登録されています。危機遺産は、開発や自然災害、戦争などで重大な危機にさらされているものです。

岩のドーム

世界遺産のなかで、エルサレム旧市街だけが国の名前で登録されていないんだ。

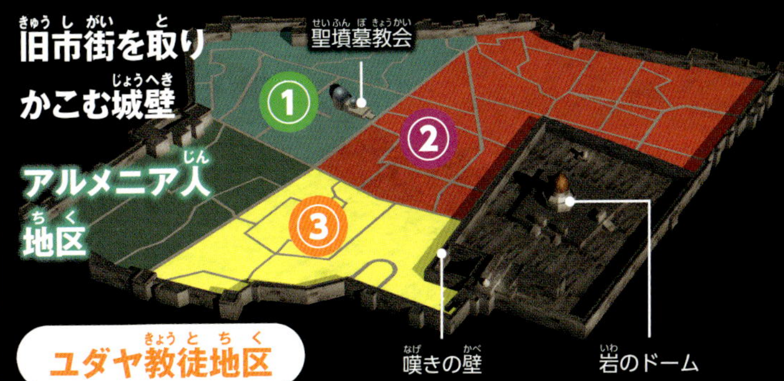

①キリスト教

イエスを十字架から降ろして横たえたとされる台。

信仰の対象： ゆいいつの神と、その子イエス・キリスト、聖霊

始まった時期： 約2000年前

教典： 旧約聖書、新約聖書

伝えた人： イエス・キリスト。イエスの教えが中心。イエスは教えを説いて数年で死刑になり、のちによみがえったとされています。そのあとは弟子たちが広めました。

聖地のわけは？： イエスが死刑になった場所で、刑場まで歩いた道や復活をとげた墓などがあります。

②イスラム教

ドームの中は、16本の柱が「聖なる岩」をかこんでいます。

信仰の対象： ゆいいつの神、アッラー

始まった時期： 約1400年前

教典： コーラン

伝えた人： ムハンマド。アラビア半島のメッカで生まれた商人のムハンマドが神の言葉を聞き、その教えを人々に伝えました。

聖地のわけは？： ムハンマドは、この地の「聖なる岩」から天に旅立ち、神の言葉を受けて再び降りたったとされています。

「西の壁」ともよばれます。神殿が破壊されたことを悲しみ、国の復興を祈るために、ユダヤ教徒が集まります。

③ユダヤ教

「嘆きの壁」に額をつけて、祈りをささげる人々。

信仰の対象： ゆいいつの神、ヤハウェ

始まった時期： 約2500年前

教典： 旧約聖書

伝えた人： モーセ。イスラエル人(ヘブライ人)のモーセが神の声を聞き、神の教えを守ることで救われるという契約を交わしたことによります。

聖地のわけは？： イスラエル王国の神殿があり、神をむかえ人々が救われる地とされていました。しかし、神殿は破壊され、壁の一部が残るのみです。

人々がかくれ住んだ岩の家と地下都市

カッパドキア

■ギョレメ国立公園とカッパドキアの岩窟群 ■複合遺産 ■1985年 ■トルコ共和国

インディはかせのポイント!

カッパドキア地方には、ふしぎな形の岩が立ちならぶ場所がある。なかには、中をくりぬいて人が住む家として使っていた岩もあるよ。それだけじゃない。人々が地面を掘ってかくれ住んでいたという、広い地下都市も見つかっているんだ！

巨岩の家がならぶ町

人々が住むようになったのは、いまから約6000年前だといわれています。

これが地下都市だ!

カッパドキアでは、いくつもの地下都市が見つかっていて、大きいものでは地下８階まであります。アリの巣のようにたくさんの通路と部屋があり、いくつかの出入り口と通気孔で地上とつながっていました。

上の階では、火を使って料理をする。

岩の壁に小さな穴をあけ、話をすることもできる。

地下都市がつくられるようになったのは８世紀以降と考えられていて、その規模はさまざまです。なかには１万人以上もくらせる大きなものもあったようです（イラストは想像図です）。

Q なぜかくれて住んだの?

A 長い歴史のなかで、キリスト教徒は何度も迫害されました。そして、カッパドキアにのがれたキリスト教徒は、洞窟などにかくれ住んだのです。やがて、教会や修道院もつくられるようになりました。

岩をくりぬいてつくった教会の宗教画。日光が当たらないため、あざやかな色が残っています。

クローズアップ！ 火山がつくった景色

ふしぎな形の岩は、約500万年前の噴火で降りつもった火山灰の地層が、長い間に風雨でけずられて、つくられました。やわらかいので、人がくりぬくこともできたのです。

1 たくさんの火山灰が降りつもります。

2 風雨にさらされて地層がけずられていき、表面のかたい部分が残ります。

3 さらにけずられてとがった形になります。やがて、表面のかたい部分が落ちます。

サガルマータ国立公園

■サガルマータ国立公園 ■自然遺産 ■1979年 ■ネパール連邦民主共和国

インディはかせのポイント!

標高8000m級の山々が連なり、「世界の屋根」とよばれるヒマラヤ山脈。この中心にそびえ立つのが、世界一高い8848mのサガルマータだ！

ネパール
サガルマータ国立公園
インド
ベンガル湾

世界中の登山家がめざす山!

サガルマータは、世界中の登山家のあこがれの山です。命の危険もおそれず、これまで3000人以上の登山家が、頂上をめざしました。

「サガルマータ」は、ネパールの言葉で「世界の頂上」という意味。ほかにエベレスト、チョモランマともよばれます。

ドラゴンのすむ島

コモド国立公園

■コモド国立公園 ■自然遺産 ■1991年 ■インドネシア共和国

インディはかせのポイント!

コモドオオトカゲのすむ島々は、まわりの潮の流れがとても速い。海が外からやってくる侵入者を防ぎ、オオトカゲがすむ島の自然を守ってきたんだ！

コモドオオトカゲ

全長3m、体重100kgをこす世界最大のトカゲです。6000万年以上前に出現し、「コモドドラゴン」ともよばれます。

きれいなサンゴ礁の海

島々をかこむ海の中には、きれいなサンゴ礁が広がっています。魚やウミガメなどさまざまな生きもののすがたを見ることができます。

高山と熱帯雨林は生きものの楽園

キナバル自然公園

■キナバル自然公園 ■自然遺産 ■2000年 ■マレーシア

インディはかせのポイント!

標高4095mのキナバル山は、東南アジアでいちばん高い山だ。山頂から、ふもとに広がる熱帯雨林までのさまざまな環境に、多くの生きものがくらしているよ！

モーレンカンプオオカブト

角をふくめた大きさが10㎝をこえることもあります。

ラフレシア

直径が1mほどにもなる世界最大の花です。くさった肉のようなにおいを出して虫をよび、受粉させます。

熱帯雨林の生きもの

広い熱帯雨林には何千種もの植物や動物が見られます。しかし、なかには開発が進んで森林がへり、絶滅が心配されているものもいます。

テングザル

カリマンタン島にすむサルで、おとなのオスは大きな鼻が特ちょうです。

サイチョウ

大きなくちばしと頭のそり返った突起が特ちょうの大型の鳥です。木の上で植物などを食べます。

ジャングルの巨大洞窟

グヌン・ムル国立公園

■グヌン・ムル国立公園 ■自然遺産 ■2000年 ■マレーシア

世界最大の地下空洞といわれる「サラワク・チャンバー」もあるよ！

インディはかせのポイント!

標高2377mのムル山は洞窟が多いことで知られ、100個ほどが発見されている。洞窟にはそれぞれ特ちょうがあり、そのうちの4つが公開されているんだ！

ディア・ケイブ

たくさんのシカ（ディア）がこの洞窟に水をのみにきたことから、この名前がつきました。

空のドラゴンダンス

ディア・ケイブにすむ数百万匹のコウモリが群れで飛ぶようすは、「ドラゴンダンス」とよばれます。

スタジアムのような巨大住宅

福建の土楼

■福建の土楼 ■文化遺産 ■2008年 ■中華人民共和国

土楼のひとつの内側のようす。もともと、土楼の住人の多くは、この地に移りすんだ「客家」とよばれる人々でした。3〜4階建ての木造住宅で、800人がくらせる大きなものもあります。

多くの土楼は、建物の内側がぐるりと通路でつながっています。

インディはかせのポイント!

中国の福建省にいくつも建てられた、「土楼」とよばれるスタジアム形の集合住宅だ！そのうちの46棟が、文化遺産に登録されているよ。

アジア

中国／インド

クローズアップ! かたい守りと強いきずな

土楼は外側がかたい土壁にかこまれ、入り口がひとつしかありません。外の敵からの守りをかため、内側では強いきずなで結ばれた一族の人々が、協力してくらしています。

田螺坑土楼群

5つの土楼のうち、中央のひとつは四角形です。

愛する妻におくる美しい墓

タージ・マハル

■タージ・マハル ■文化遺産 ■1983年 ■インド

白い大理石でできた美しい墓は「皇帝の涙の結晶」といわれています。皇帝の棺も、ならんで置かれました。

インディはかせのポイント!

まるでお城のような建物は、約400年前にインドをおさめていたムガル帝国の皇帝が、愛する妻のために建てた墓だ！ 完成までに22年もかかったよ。

タージ・マハル
インド

皇帝のシャー・ジャハーンは、戦にも妃を連れていったんだって！

くらべてみよう DVD 世界遺産 高いのはどっち？ タージ・マハルとピサの斜塔

 ■正式名称 ■遺産の種類 ■登録年 ■国名

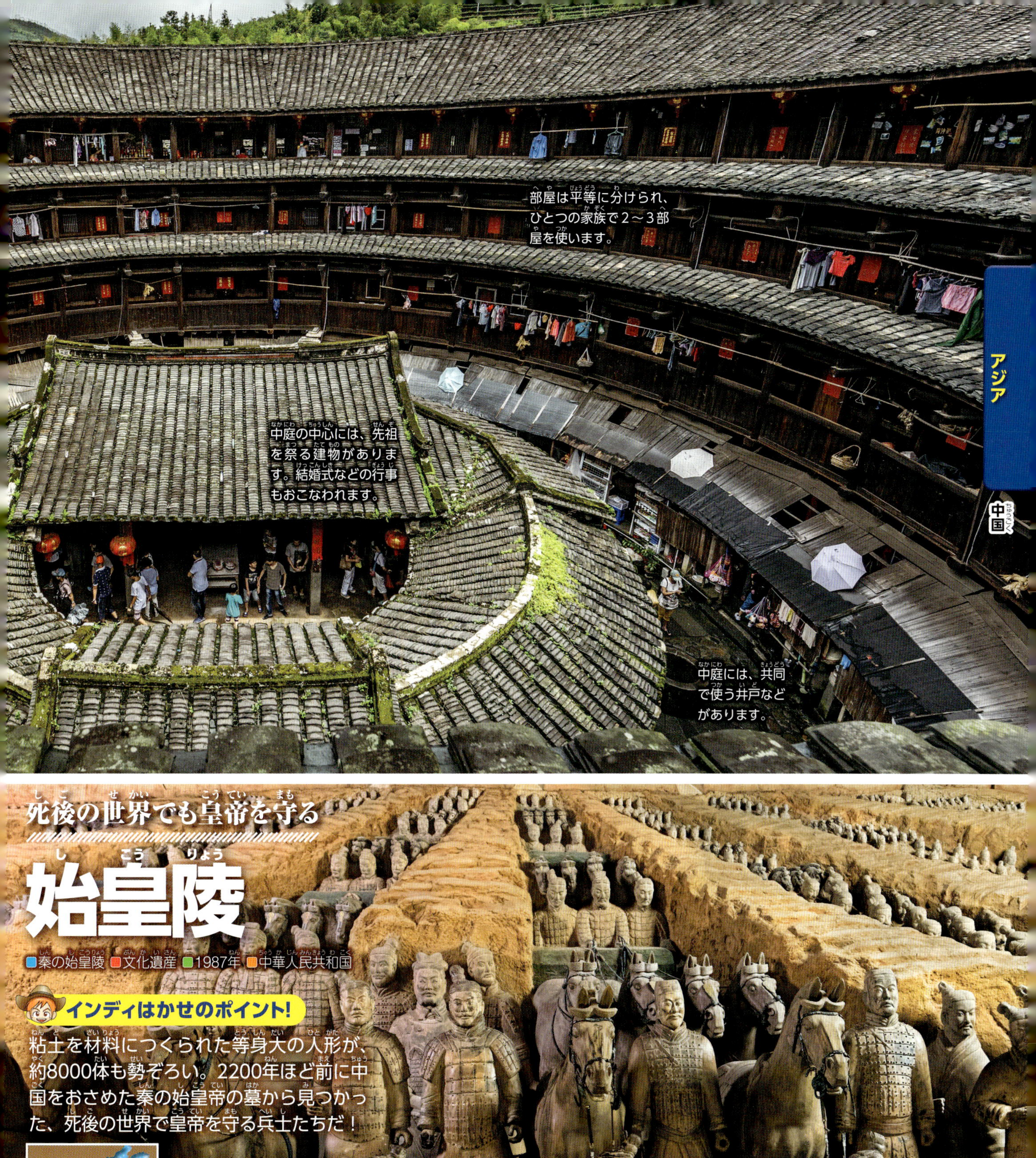

死後の世界でも皇帝を守る

始皇陵

■秦の始皇陵 ■文化遺産 ■1987年 ■中華人民共和国

インディはかせのポイント!

粘土を材料につくられた等身大の人形が、約8000体も勢ぞろい。2200年ほど前に中国をおさめた秦の始皇帝の墓から見つかった、死後の世界で皇帝を守る兵士たちだ！

始皇陵
中国

兵馬俑

兵士だけでなく馬のものも発見され、「兵馬俑」とよばれます。一体ごとに、顔やポーズがちがっています。

繁栄ぶりを現代に伝える

ローマ歴史地区

ローマ歴史地区、教皇領とサン・パオロ・フオーリ・レ・ムーラ大聖堂 文化遺産 1980年、1990年 イタリア共和国、バチカン市国

インディはかせのポイント!

いまから約2000年前、地中海一帯を支配した巨大な国があった。それが古代ローマ帝国だ！ 強大な権力をもつ皇帝のもとで1100年にわたって繁栄し、都だったローマだけでなく、ヨーロッパやアフリカなど各地に貴重な遺跡が残されているよ。

サトゥルヌスの神殿

元老院議事堂

セプティミウス・セヴェルスの凱旋門

ウェスパシアヌス神殿

 正式名称 遺産の種類 登録年 国名

ローマ市民はどんな生活をしていたの？

A ローマ市民の暮らしは、「パンとサーカス」という言葉であらわされます。よく整備された都市では、食料は手に入らないものがないほどで、多くの娯楽施設もありました。皇帝は、市民によい暮らしをさせることで人気を保っていたのです。

奴隷や罪人などが剣闘士となって戦う見世物は、大人気でした。戦いの多くは、どちらかが死ぬまでつづけられました。

カラカラ浴場

人々がくつろいだ公衆浴場のひとつ。一般の市民から皇帝まで1日に6000～8000人が利用したといわれています。

カラカラ浴場の跡。美しいモザイクタイルがいまも残っています。

もっとも栄えていた時代、ローマには100万人もの人がくらしていたんだ！

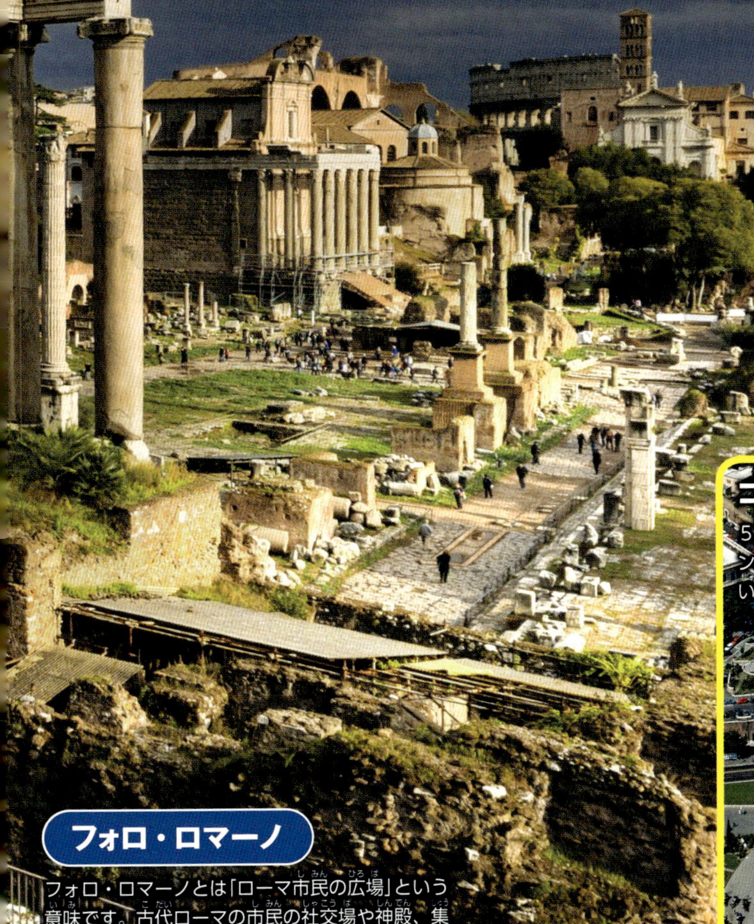

フォロ・ロマーノ

フォロ・ロマーノとは「ローマ市民の広場」という意味です。古代ローマの市民の社交場や神殿、集会所などがならぶ政治や経済、文化の中心地として栄え、数々の遺跡が残っています。

フォロ・ロマーノの当時のようすを描いた想像図。

コロッセオ

5万人の見物客が入る円形闘技場です。地下にはライオンなど猛獣のおりもつくられ、人間どうしや猛獣との戦いなど、いろいろな見世物がおこなわれました。

ローマ歴史地区

ローマ帝国繁栄のひみつ

ヨーロッパ

イタリア／バチカン市国

インディはかせのポイント!

古代ローマ帝国は、なぜ多くの国をしたがえた強大な国になることができたんだろう？　繁栄のひみつは、現代でもお手本になるような高い技術力にあるよ！

すぐれた建築技術

都市部へ大量の水をはこぶ！

古代ローマ人は、土木建築の高い技術をもち、「ローマン・コンクリート」とよばれる材料やアーチをつくる方法なども生みだしました。この技術は下水道の建設などにも役立ち、都市が発展しました。

ローマ水道

いくつもの大がかりな水道施設をつくり、遠くの川からローマまで大量の水を引いてきました。

トレヴィの泉

ローマ水道ではこばれた水が利用された人工の泉で、ローマの有名な観光地になっています。現在のものは、18世紀に再建されました。

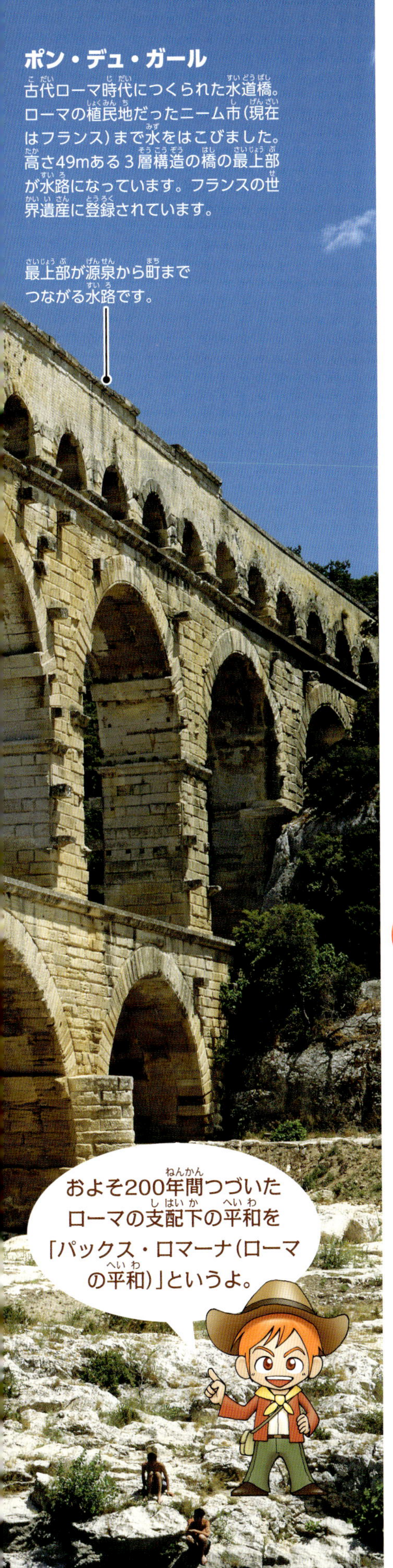

ポン・デュ・ガール

古代ローマ時代につくられた水道橋。ローマの植民地だったニーム市（現在はフランス）まで水をはこびました。高さ49mある３層構造の橋の最上部が水路になっています。フランスの世界遺産に登録されています。

最上部が源泉から町までつながる水路です。

およそ200年間つづいたローマの支配下の平和を「パックス・ロマーナ（ローマの平和）」というよ。

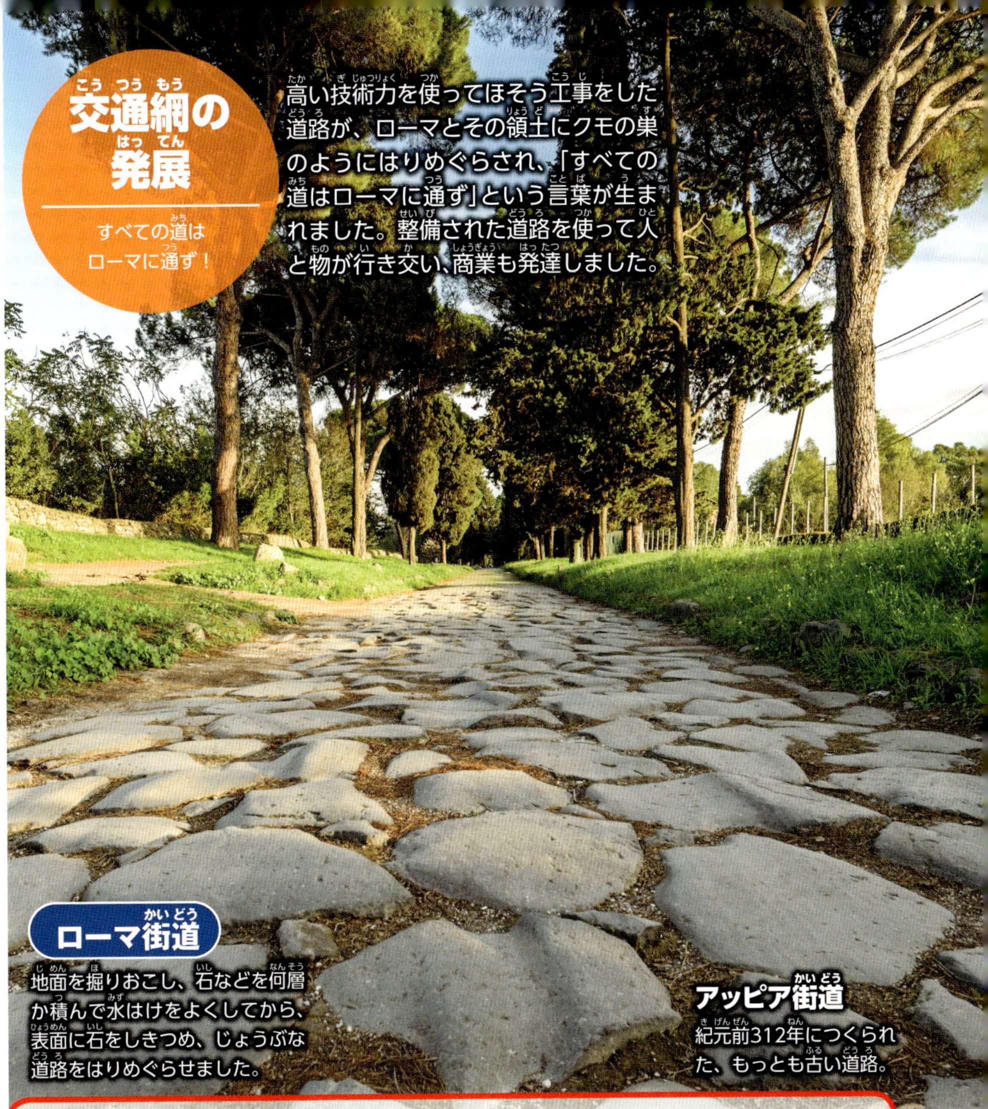

交通網の発展

すべての道はローマに通ず！

高い技術力を使ってほそう工事をした道路が、ローマとその領土にクモの巣のようにはりめぐらされ、「すべての道はローマに通ず」という言葉が生まれました。整備された道路を使って人と物が行き交い、商業も発達しました。

ローマ街道

地面を掘りおこし、石などを何層か積んで水はけをよくしてから、表面に石をしきつめ、じょうぶな道路をはりめぐらせました。

アッピア街道

紀元前312年につくられた、もっとも古い道路。

Q ローマ帝国は、いつまでつづいたの？

A 古代ローマが生まれたのは、紀元前753年といわれています。それから約900年後の2世紀、地中海一帯を支配するまでに発展し、帝国となります。しかし、大きくなりすぎた国は、しだいに内部の争いや外部からの攻撃を受け、395年に東と西に分裂しました。東ローマ帝国は1453年までつづきました。

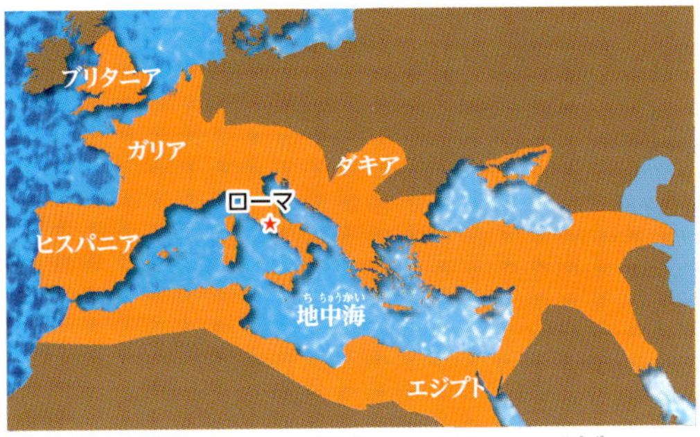
ブリタニア
ガリア
ダキア
ローマ
ヒスパニア
地中海
エジプト

古代ローマ帝国がもっとも繁栄した2世紀ごろの領土。

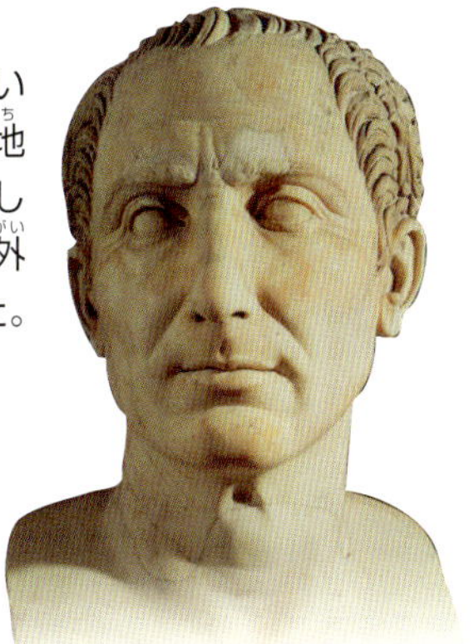

ガイウス・ユリウス・カエサル

紀元前100年に生まれた古代ローマの軍人で政治家。帝国の発展につくし、「カエサル」は、皇帝の称号として使われるようになりました。

海に守られた孤島の修道院

モン-サン-ミシェル

■モン-サン-ミシェルとその湾 ■文化遺産 ■1979年 ■フランス共和国

インディはかせのポイント!

フランス北西部の湾にある、小さな島の上に建つ修道院だ！　モン-サン-ミシェルは、「聖ミカエルの山」という意味。天使がつくらせた奇跡の修道院として、多くの信者がおとずれるよ！

天使のお告げで建てられた!?

モン-サン-ミシェルがこの島に建てられたのには、伝説があります。708年のある夜、近くの町に住む司教のオベールの夢に大天使ミカエルがあらわれ、岩山に聖堂を建てるよう命じました。でも、オベールは夢を信じません。すると、３度目の夢にあらわれたミカエルはオベールの頭にふれ、目ざめると頭には穴があいていたのです。ついにオベールが岩山に小さな聖堂を建てると、ひと晩でまわりは海になりました。

聖堂の内部には、オベールのもとにあらわれた大天使ミカエルのレリーフが飾られています。

修道院

修道院の建物は、時代とともにふえたり、すがたをかえたりしてきました。

空から見たモン-サン-ミシェル

モン-サン-ミシェルは、周囲が900mほどの小さな島の上に建てられています。引き潮のときは対岸と地面がつながりますが、満潮になると急に海面が上がります。そのため、とちゅうで海にのまれてしまうことも多く、信者は命がけで島に渡りました。現在では橋がつくられ、安全に島をおとずれることができます。

聖堂

祈りをささげるための場所です。オベールが最初に建てた聖堂は小さなものでしたが、建てかえられ、現在は背の高い形になりました。塔の先には、高さ4.5mの大天使ミカエルの像がついています。

ラ・メルヴェイユ

修道士のくらす場所。食堂や修道士が心しずかに過ごす回廊などもあります。

引き潮のときは砂地が出て、歩いて対岸まで渡ることができます。

修道院に残る大砲

城塞や監獄としても使われた

まわりを海にかこまれ、外から人が入りづらいモン-サン-ミシェルは、イギリスとの間で戦争がおこると城塞として使われ、何度も攻撃を受けました。いまでも、見はり台や大砲などが残っています。また、1789年にフランス革命がおこったときには、囚人を入れる監獄としても使われました。

Q 修道院では、なにをしているの？

A 修道院で生活する人を修道士、または修道女といいます。かれらは、規則正しい日課ときびしい約束事を守って共同生活をしながら、キリスト教を学び、祈りをささげる毎日をおくっています。用事があるとき以外は、おたがいに話もしません。

それぞれが、神に祈ったり読書をしたり、勉強をしたりします。

パンと野菜などの質素な食事を、みんなでしずかに食べます。

畑での農作業や、家畜の世話などをします。

ふもとの町

12〜13世紀には、修道院のまわりに店や宿屋などがならぶ町ができました。

城壁

イギリスとの戦争のときにつくられ、見はり台があります。

満潮のときは、海に浮かんでいるように見えるんだって！

古代ギリシャを代表する都市国家

アテネのアクロポリス

■アテネのアクロポリス ■文化遺産 ■1987年 ■ギリシャ共和国

インディはかせのポイント!

いまから約2500年前、古代ギリシャに栄えた巨大な都市国家がアテネだ！アテネのアクロポリスは、アテネの町を見下ろす丘にある神殿や劇場など、巨大な石づくりの建造物の遺跡群で、ギリシャ文明のシンボルなんだ！

ギリシャ
アテネのアクロポリス
エーゲ海

星座には、ギリシャ神話にまつわる名前がたくさんあるよ。さがしてみて！

ヨーロッパ
ギリシャ

クローズアップ! ギリシャ神話の神々

ギリシャ神話は、古代ギリシャで生まれました。オリンポス山に住む最高神のゼウスを中心に、知恵と戦いの女神アテナや海の神ポセイドン、愛と美の女神アフロディーテなど、個性ゆたかな神々や人間の英雄などが登場します。

アフロディーテ　アルテミス　アポロン　ゼウス　ヘラ　アテナ　ポセイドン

パルテノン神殿

アクロポリスでもっとも目立つ、アテネの守り神である女神アテナを祭って建てられた神殿です。美しい建物は、いまでも建築のお手本とされています。

Q アクロポリスってなんのこと?

A 古代ギリシャには「ポリス」という都市国家が多数あり、その中心にあったのが「高いところの都市」という意味のアクロポリスです。アテネは最大級のポリスでした。

アクロポリスの配置図

エレクテイオン

6体の女性像が目印の神殿です。女神アテナと海の神ポセイドンがアテネの守り神の座を争い、オリーブの木を植えたアテナが勝ったことを祝って建てられたという伝説があります。

オデイオン

約6000人の観客が入ることのできる音楽堂で、音楽や演劇が上演されました。

アクロポリスは、高さ70mほどの丘の上にあります。

建物に生命をふきこんだ建築家

アントニ・ガウディの作品群

■アントニ・ガウディの作品群 ■文化遺産
■1984、2005年 ■スペイン

インディはかせのポイント!

アントニ・ガウディは、スペインが生んだ天才建築家として知られている。一度見たら忘れられない作品ばかりで、そのうちの７つが文化遺産に登録されたよ！

サグラダ・ファミリア贖罪聖堂

スペインのバルセロナに建設中のカトリックの教会です。1882年に工事が始まり、いまもつづいています。ガウディは、翌年から1926年に事故でなくなるまで43年間、教会建設に取り組みました。ガウディの最後の作品であるこの教会は2026年完成予定で、完成している「誕生のファサード」と「地下礼拝堂」が文化遺産に登録されています。

見てみよう! DVD くらべてみよう世界遺産 高いのはどっち?

みどころ

ガウディの作品たち

ガウディは、思いきった形と細かさ、使いやすさとが合わさった、それまでだれも見たことがない新しい作品をつくりました。ガウディは自然をよく観察し、自然のなかにほんとうの形があると考えました。動植物を描いたり、なだらかな曲線を用いたり、あざやかな色を使ったりしているのが特ちょうで、まるで生命をふきこまれたような生き生きとした楽しい作品を、つぎつぎに生みだしたのです。

グエル公園

1900～1914年に住宅地の予定でつくられましたが、公園として親しまれています。色とりどりで楽しい形があふれる公園のシンボルは、トカゲの噴水です。

カサ・ミラ

1910年に完成したマンションです。外壁までもが曲線のふしぎな形で、地中海を表現したともいわれています。そのすがたは、見た人々をおどろかせました。

カサ・バトリョ

古い建物を1906年につくりかえました。外壁はきれいな色ガラスなどがはめこまれ、海のようです。見た目だけでなく使いやすさも考えてあります。

聖堂の内部には、ステンドグラスがはめこまれた窓から色とりどりの光が差しこみます。天井や柱にも曲線が使われ、すみずみまでガウディ独特の世界が見られます。

ガウディの遺体は、サグラダ・ファミリアの地下礼拝堂に安置されたよ。

Q ガウディってどんな人？

A ガウディは、1852年にスペインのまずしい家に生まれました。建築学校に通いながら建築現場ではたらき、建築のおもしろさを知ります。やがてグエルという実業家と出会い、才能がみとめられました。

太陽王のきらめく宮殿

ヴェルサイユ宮殿

■ヴェルサイユの宮殿と庭園 ■文化遺産 ■1979年 ■フランス共和国

ヨーロッパ　フランス

ヴェルサイユ宮殿
フランス

インディはかせのポイント!

ヴェルサイユ宮殿は、フランス王ルイ14世が20年もかけて建てさせた、ごうかな宮殿だ。王は世界中に栄光を見せつけ、貴族とぜいたくな暮らしをおくっていたよ!

華やかな宮殿と、どっしりした教会。くらべてみるとおもしろいな。

鏡の間

長さ73m、幅10mの部屋で、17枚の大きな窓と向かいあい、357枚の鏡が窓と同じ大きさにはめこまれています。部屋は、昼間は日光を、夜はシャンデリアの光を反射してかがやきました。

宮殿の外には、よく手入れされた庭園が広がり、たくさんの池と噴水もつくられました。

クローズアップ! 宮殿をめぐる人々

ヴェルサイユ宮殿は王の栄光のシンボルでしたが、国民の暮らしはまずしく、やがて王をたおす革命がおこりました。栄光と悲劇を代表するのがこのふたりです。

マリー・アントワネット

革命がおきたときの王、ルイ16世の王妃。ぜいたくぶりが国民のいかりをかい死刑になりました。

ルイ14世

強大な権力で国をおさめて「太陽王」とよばれ、ヴェルサイユ宮殿をつくらせました。

600年以上の時を経て完成

ケルン大聖堂

■ケルン大聖堂 ■文化遺産 ■1996年 ■ドイツ連邦共和国

インディはかせのポイント!

都市の真ん中にどっしりとそびえる大きな教会、それがケルン大聖堂だ。何度も工事が中断したけれど、632年かかって1880年に完成し、国をあげて喜んだよ！

ドイツ
ケルン大聖堂
フランス

バイエルンの窓

1842年に、バイエルンという国の王からおくられた５枚のステンドグラス。キリスト教にまつわる場面が描かれています。

信者が祈りをささげる広い大聖堂。天井は、神のいる天に向かって高くつくられ、たくさんの光が差しこみます。

見てみよう! DVD くらべてみよう世界遺産 高いのはどっち?

黄金の棺

イエス・キリストの誕生を祝った、「東方三博士」とよばれる３人の学者の遺骨が収められています。

みどころ

そそり立つ巨大聖堂

ケルン大聖堂は、堂々としたすがたのひときわ目立つカトリック教会で、ふたつの塔の先までの高さは157mもあります。まわりに高層ビルの建設が計画され、一時は危機遺産になったこともあります。

大噴火で消えた都市

ポンペイ

■ポンペイ、エルコラーノ及びトッレ・アヌンツィアータの遺跡地域
■文化遺産 ■1997年 ■イタリア共和国

インディはかせのポイント!

約1900年前、古代ローマの都市ポンペイは、火山の大噴火でまるごと火山灰にうもれてしまった！　それから約1700年後に始まった発掘で、数々の貴重な遺跡が発見されたんだ！

噴火のようすを描いた絵（ブリュローフ作）。79年8月24日、ポンペイに近いヴェスヴィオ山が噴火し、にげおくれた2000人もの人が一晩で命をうしないました。

色あざやかな壁画も、その当時のまま残っていました。

約6mも積もっていた火山灰を掘りおこすと、その下から建物や、当時の文化、生活の跡がつぎつぎとあらわれました。

クローズアップ!

死者のすがたがよみがえる

うもれている間に生きものの体はなくなり、その形が空洞になりました。空洞に石膏を流しこむと、死ぬまぎわのすがたがよみがえったのです。ほかにも家や道具、食べものなどが見つかっています。

たおれた人々のすがたが、石膏で再現されたもの。犬や馬なども見つかりました。

■正式名称 ■遺産の種類 ■登録年 ■国名

正体不明の巨大石柱

ストーンヘンジ

■ストーンヘンジ、エーヴベリーと関連する遺跡群 ■文化遺産
■1986年 ■英国（グレートブリテン及び北アイルランド連合王国）

インディはかせのポイント!

イギリス南部の草原に、巨大な石柱が円を描いてならぶ、「ストーンヘンジ」とよばれる遺跡がある。だれがなんのためにつくったのか、なぞだらけの世界遺産なんだ！

イギリス
ストーンヘンジ

ブルーストーン
200km以上も遠い場所でとれる石で、内側に置かれています。

トリリトン
２本の石柱の上に、横向きの石が置かれています。

サーセン石
約30kmもはなれた場所からはこばれた石です。

見てみよう! DVD ちょっとミステリーな世界遺産

いまから4000年以上も前につくられたストーンヘンジ。使われている石は重いものでなんと50tあり、遠くからはこばれたものもあります。

ヨーロッパ

イギリス／ギリシャ／スペイン

アギア・トリアダ修道院
約140段の石段の先に建てられた修道院です。昔はなわばしごを使って荷物をはこびました。

はじめはだれも大昔のものと信じなかったほど、生き生きとした動物のすがたが描かれていました。

天空の修道院

メテオラ

■メテオラ ■複合遺産 ■1988年 ■ギリシャ共和国

インディはかせのポイント!

奇岩群の上に建つキリスト教の修道院だ！　神のいる天の近くで修行の日々をおくるために、この場所を選んだよ。「メテオラ」はギリシャ語で「中空の」という意味。自然と修道院が一体となった複合遺産だ！

旧石器時代の芸術作品

アルタミラ洞窟

■アルタミラ洞窟と北スペインの旧石器時代の洞窟画
■文化遺産 ■1985、2008年 ■スペイン

インディはかせのポイント!

1879年、ひとりの少女が洞窟の中で野牛やシカなどの絵を発見した！　それは1万3500年以上前の旧石器時代の人々が岩肌に描いた、すばらしい芸術作品だった！

ヨーロッパ

イタリア／ロシア／ギリシャ

まるで美術館のような街

フィレンツェ歴史地区

■フィレンツェ歴史地区 ■文化遺産
■1982年 ■イタリア共和国

インディはかせのポイント！

14～16世紀、「ルネサンス」という文化活動が広まった。なかでも経済が栄えたフィレンツェには多くの芸術家が集まり、絵画などの作品がいたるところで見られるよ！

ピッティ宮殿
フィレンツェの大富豪、メディチ家の宮殿。メディチ家が集めた作品が見られる美術館になっています。

ロシアの歴史をきざむ広場

クレムリンと赤の広場

■モスクワのクレムリンと赤の広場 ■文化遺産
■1990年 ■ロシア連邦

インディはかせのポイント！

首都モスクワにある政治の中心地だ！「クレムリン」は「要塞」の意味で、城塞にかこまれた内側に歴史的な建造物がある。赤の広場があるのは、クレムリンの正面だ。

赤の広場。「赤」はロシアの言葉で、古くは「美しい」を意味します。カラフルな聖ワシリイ大聖堂(左)などがあり、観光もできます。

オリンピック誕生の地

オリンピアの古代遺跡

■オリンピアの古代遺跡 ■文化遺産
■1989年 ■ギリシャ共和国

インディはかせのポイント！

オリンピックは、いまから約2800年前にギリシャで始まった！　はじめはギリシャ神話の神、ゼウスにささげる儀式で、オリンピアには神殿や競技場の跡が残っている。

紀元前４世紀ごろに建てられた、競技場に向かう通路の跡。

 ■正式名称 ■遺産の種類 ■登録年 ■国名

世界の山岳鉄道のモデル

レーティシュ鉄道

■レーティシュ鉄道アルブラ線・ベルニナ線と周辺の景観
■文化遺産 ■2008年 ■スイス連邦、イタリア共和国

インディはかせのポイント!

スイス・アルプスを通りスイスとイタリアを結ぶ山岳鉄道。まわりの自然を大事にトンネルや高架橋をつくり列車を走らせる技術は、世界の山岳鉄道の手本になったよ！

レーティシュ鉄道のひとつアルブラ線。高さ65mのランドヴァッサー橋を走る列車。

国がまるごと世界遺産

バチカン市国

■バチカン市国 ■文化遺産 ■1984年 ■バチカン市国

インディはかせのポイント!

イタリアのローマ市内にある、人口800人ほどの世界一小さい国だけど、信者が12億人以上いるキリスト教カトリック教会の聖地がある。世界中から信者が集まり、なんと国そのものが文化遺産なんだ！

カトリックの聖地、巨大なサン・ピエトロ大聖堂前の広場に集まった、たくさんの信者。

多くの命をうばった収容所

アウシュヴィッツ

■アウシュヴィッツ・ビルケナウ ナチスドイツの強制絶滅収容所（1940-1945）
■文化遺産 ■1979年 ■ポーランド共和国

インディはかせのポイント!

第二次世界大戦中、ナチスドイツがつくった収容所。罪のない多くの人々が、命をうばわれた！けっして忘れてはならないという思いをこめて登録されたよ。

人々を閉じこめて毒ガスをおくりこんだガス室の跡。アウシュヴィッツでは、多くのユダヤ人をはじめ100万人以上が虐殺されました。

自然がつくった岩のアート

インディはかせのポイント!

地球上には、ふしぎな地形の場所がある。いつ、どうやってできたのだろう。その答えは、地球の長い歴史のなかにあるよ。たとえば、地球の内側はたえず動いていて、もりあがったりしずんだりする。地表は、雨や風や太陽の光にさらされて形をかえていく。そして、思いがけないすがたになるんだ！　ここでは、自然がつくりだした岩のアートを紹介しよう！

レナ石柱自然公園

■レナ川の石柱自然公園 ■自然遺産
■2012年 ■ロシア連邦

ロシアのレナ川沿いにならぶ、高さ150～300mの岩の柱。この場所は、いまから5億年ほど前は海の底だった。地殻変動で地上にあらわれ、年間の気温差が100℃もある環境で氷ができたり溶けたりをくりかえして、岩をくだいていったんだ！

■正式名称 ■遺産の種類 ■登録年 ■国名

ジャイアンツ・コーズウェー

■ジャイアンツ・コーズウェーとコーズウェー海岸
■自然遺産 ■1986年
■英国（グレートブリテン及び北アイルランド連合王国）

約4万個もの六角形の石柱が、きれいにならんでいる。これを「柱状節理」というよ。「巨人の石道」という名前をもつこの海岸をつくったのは、巨人ではなく火山の噴火だ。地下からふきだしたマグマが冷えてかたまるときに縮み、規則正しい割れ目ができたんだ！

チンギ・デ・ベマラ

■チンギ・デ・ベマラ厳正自然保護区
■自然遺産 ■1990年 ■マダガスカル共和国

マダガスカル島には、森の木々が灰色の石にかえられてしまったかのような場所がある。「チンギ」は、「先のとがった場所」とか「動物のすめない土地」を意味する言葉だ。やわらかい石灰岩の大地が、雨風でけずられて針の山のような地形になったんだ！

偉大なるファラオのシンボル

メンフィスとその墓地遺跡

■メンフィスとその墓地遺跡-ギーザからダハシュールまでのピラミッド地帯
■文化遺産 ■1979年 ■エジプト・アラブ共和国

アフリカ
エジプト

インディはかせのポイント!

4500年以上前に栄えたエジプト文明。強い権力をもつ王(ファラオ)のために建てられた建造物がピラミッドだ！ 首都があったメンフィスには、多くのピラミッドが残っているよ。

メンカウラー王のピラミッド
現在の高さ約62m。カフラー王の息子のピラミッド。

王妃のピラミッド
王のピラミッドの近くに、王妃たちの小さなピラミッドもあります。

カフラー王のピラミッド
現在の高さ約136.5m。クフ王の息子のカフラー王のもので、高い場所に建っているのでいちばん大きく見えます。

古代エジプトでは、人が死ぬとミイラにしてとむらったんだよ。

Q どうやって建てたの?

A クフ王のピラミッドは、平均で2.5tの石を数百万個も使い、数十年もかけてつくられました。どうやって人の力だけで石をはこび積みあげたのか、多くはなぞですが、有力な説を紹介します。

石の下にぼうを差しこんで、てこの原理でうしろからおしあげる。

ギーザ台地から切りだされたと考えられている石灰岩。

油や水を注ぎこんで、そりのすべりをよくする。

大勢の人が、そりにつないだロープを引っぱり、石を引きあげる。

ギーザの三大ピラミッド

約4500年前にクフ王と息子、孫のために建てられました。3つとも4面が正しく東西南北を向いています。ただし、どのピラミッドからも王のミイラは見つかっていません。

なぜエジプトに文明が栄えたの?

エジプト文明は、3000年以上も栄えました。その理由は、大きく3つ考えられます。ナイル川が土地をゆたかにしてくれたこと、王が神の子として絶対的な権力をもち、人々を支配できたこと、それに、砂漠にかこまれているため敵が攻めにくかったことです。

王は神の子!

王は古代エジプトの神、太陽神ラーの子で、神として人々にあがめられました。そのため、強大な権力をもつことができました。

古代エジプトの太陽神ラー

ナイル川の恵み!

毎年雨季に、ナイル川が氾濫をおこして、下流の土地に水と栄養豊富な土をはこびました。そのため農業が発展し、都市が生まれました。

ナイル川に沿って、エジプト文明が発展しました。

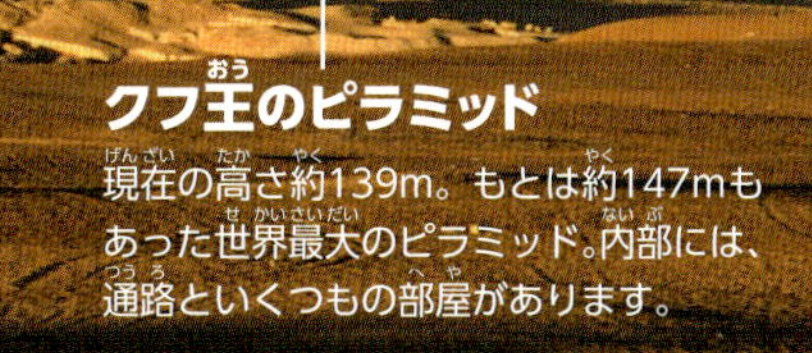

クフ王のピラミッド

現在の高さ約139m。もとは約147mもあった世界最大のピラミッド。内部には、通路といくつもの部屋があります。

大スフィンクス

ライオンの体と人間の頭をもつスフィンクス。カフラー王のピラミッドの近くで、王を守るようにすわっています。全長は73.5mあります。

クローズアップ! 日本の調査隊も活躍!

ピラミッドの近くの地下溝から船が発見され、さらに、もう1せきの船があることがわかりました。調査には日本の早稲田大学の調査隊も加わり、地中をさぐるレーダー技術を使って船の存在を確認しました。

「太陽の船」とよばれ、なくなった王をのせてあの世とこの世を行き来したと考えられています。

セレンゲティ国立公園

■セレンゲティ国立公園 ■自然遺産
■1981年 ■タンザニア連合共和国

アフリカ
タンザニア

インディはかせのポイント!

約300万頭もの動物がくらすアフリカの大平原。もともとアフリカには多くの動物がいたけれど、人間が殺したりすみかをうばったりして、数をへらしていった。セレンゲティ国立公園は、動物と自然を守るためにできた国立公園なんだ！ 動物たちは、この大平原でたくましく生きているよ！

アフリカ大陸
セレンゲティ国立公園
インド洋

見てみよう! DVD 生きもの発見！ 世界遺産

Q サバンナってどんなところ?

A サバンナとは、熱帯と亜熱帯の地域に見られる、草や低木の生えた草原です。一年が、雨の降る雨季と降らない乾季とに分かれていて、乾季になると多くの動物は水や草木をもとめて遠くまで移動します。

草を食べるヌーなどの草食動物が集まります。乾季になると草はかれ、雨季になると草原にもどります。

みどころ

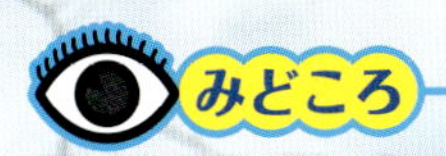

弱肉強食の世界に生きる

動物たちの毎日は、生きるための戦いです。草食動物は植物を食べ、肉食動物はほかの動物を食べます。同じ種の動物どうしでも、子孫を残したりなわばりを守ったりするために戦います。そして、どんなに強い動物でもやがては死に、その体は植物の栄養となるのです。

生きるために食べる！

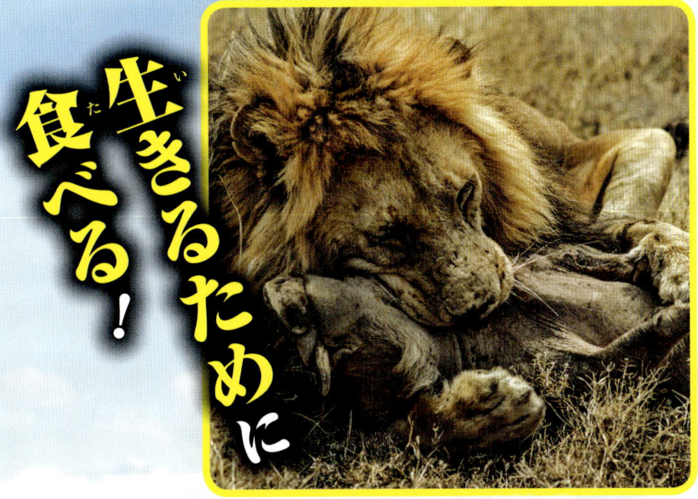

イボイノシシをとらえたライオン。百獣の王のライオンでも、いつも狩りが成功するとはかぎりません。

ライバルとの戦い！

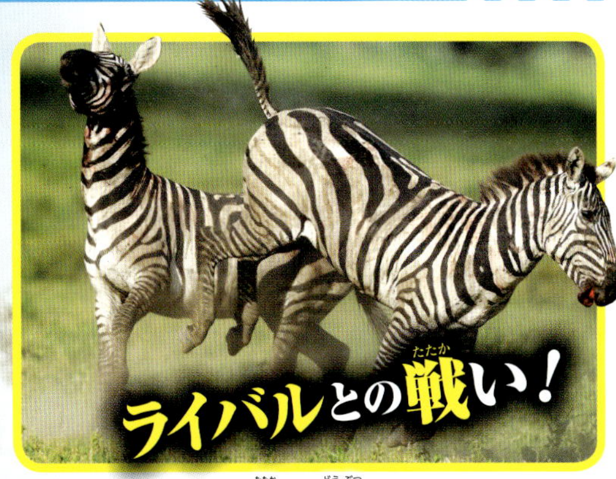

シマウマのオスどうしの戦い。動物のオスは、なわばりやメスをめぐって、ライバルのオスと戦うことがあります。

新しい命を育てる！

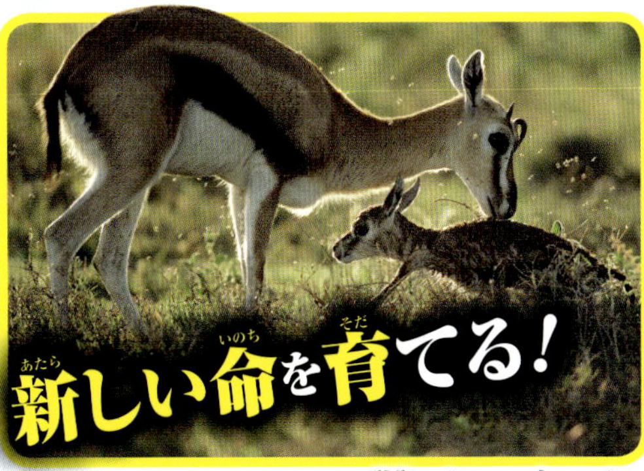

生まれてまもないトムソンガゼル。動物は子どもを産み、子どもが自分の力で生きていけるまで大切に育てます。

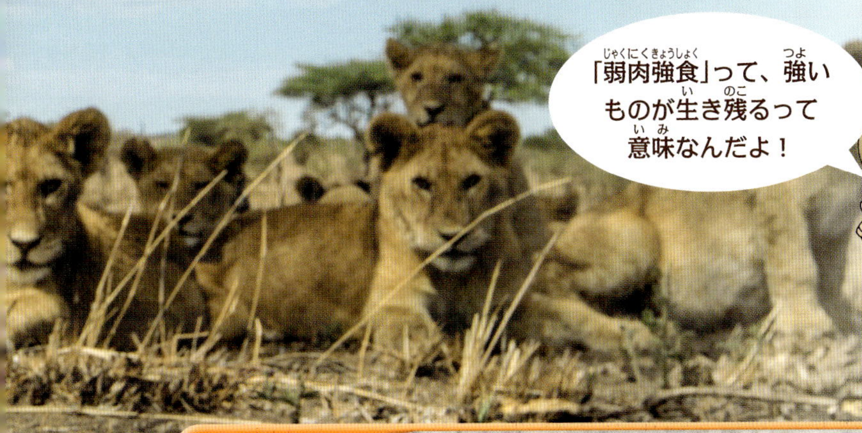

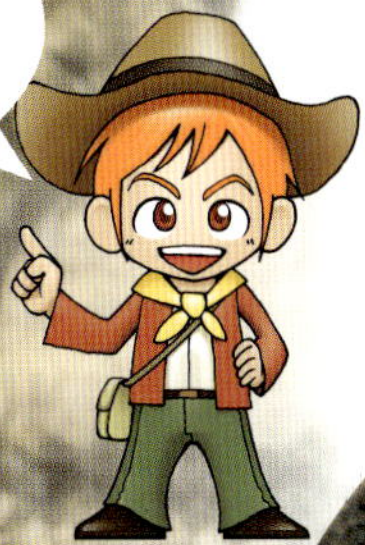
「弱肉強食」って、強いものが生き残るって意味なんだよ！

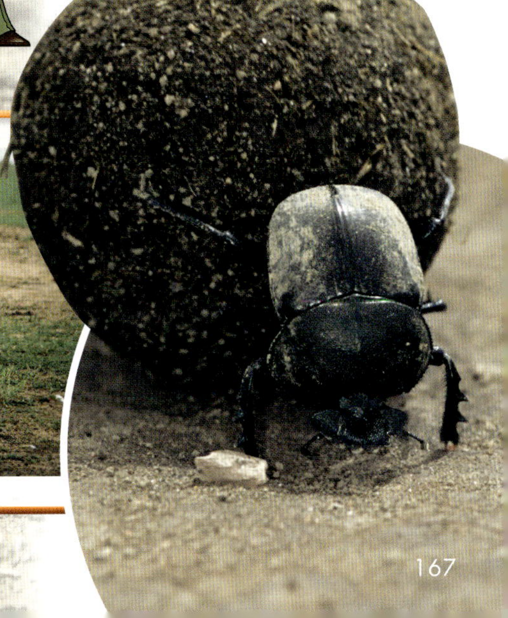

▼フンコロガシも、サバンナのそうじ屋の役目をします。動物のふんでボールをつくり、その中に卵を産みつけて生まれた幼虫のえさにするのです。

クローズアップ！ サバンナのそうじ屋

ハイエナやハゲワシなど、動物の死がいによく集まる動物は、食べ残しや骨などもくだいて食べてしまうため、「そうじ屋」とよばれます。それでも残った部分は、小さな虫や微生物が長い時間をかけて分解します。

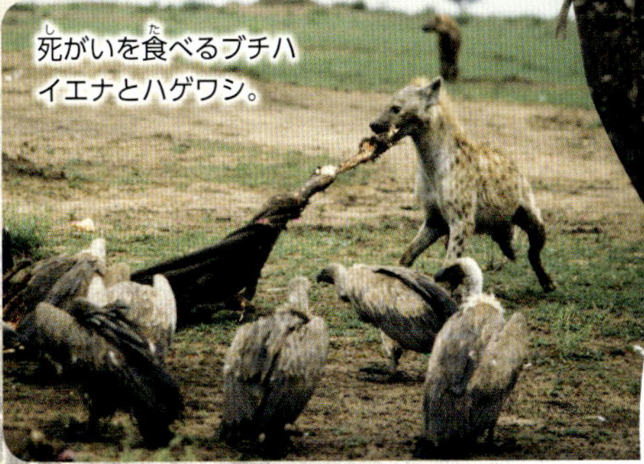

死がいを食べるブチハイエナとハゲワシ。

広大な砂の海

ナミブ砂海

■ナミブ砂海 ■自然遺産 ■2013年 ■ナミビア共和国

インディはかせのポイント!

約8000万年も前にできた、世界でもっとも古い砂漠だ！　高温でほとんど雨が降らないけれど、海に近いため、砂漠にはめずらしい霧がかかることがあるよ。

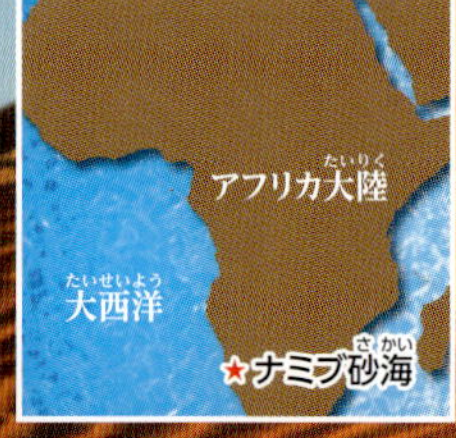

アフリカ

ナミビア

砂についた鉄の成分がさびて赤くかがやき、表面には、風のはたらきで波模様ができています。

たくましく生きる生物

クローズアップ!

からからにかわいた砂漠にも、生きものはくらしています。少しでもすずしい夜に活動したり、霧を集めて水滴をのんだりと、知恵をはたらかせて生きているのです。

ミズカキヤモリ

水かきのようなまくのあるあしを広げて、砂の上をすばやく歩きます。

ウェルウィッチア

たくさんあるように見える葉は、じっさいには2枚です。地下深くに根をのばして水分をとります。

アフリカで生まれた文明の遺跡

グレート・ジンバブエ

■大ジンバブエ国立記念物 ■文化遺産 ■1986年 ■ジンバブエ共和国

楕円形の神殿の遺跡。長い間、これらの建物をつくったのは、ほかの大陸からきた人だと思われていました。

アフリカ大陸
グレート・ジンバブエ

インディはかせのポイント!

11～15世紀に、アフリカに栄えた文明の跡だ！「ジンバブエ」は「石の家」という意味で、高度な石づくりの遺跡が数多く見られるよ。

クローズアップ!

国旗になった鳥

グレート・ジンバブエの「アクロポリス」とよばれる遺跡からは、鳥の彫刻のついた柱が見つかっています。この鳥は、現在の国旗に使われています。

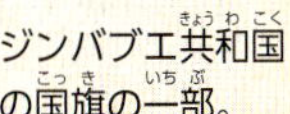

ジンバブエ共和国の国旗の一部。

「ジンバブエ・バード」とよばれる、鳥の彫刻。

アフリカ

ジンバブエ／アルジェリア

砂漠が緑の大地だった証明

タッシリ・ナジェール

■タッシリ・ナジェール ■複合遺産 ■1982年 ■アルジェリア民主人民共和国

インディはかせのポイント!

サハラ砂漠南部で見つかった、1万年ほど前の岩絵だ。大昔、この場所はたくさんの動物や人がくらせる緑の大地だったことがわかるよ！

家畜を追う人々。人々の暮らしや野生動物の生き生きとしたすがたの絵が、いくつも残されています。

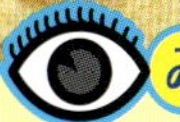

みどころ

奇岩がならぶ砂漠

タッシリ・ナジェールは、ごつごつした岩が立ちならぶ独特の風景も評価され、複合遺産に登録されています。

イエローストーン国立公園

■イエローストーン国立公園 ■自然遺産
■1978年 ■アメリカ合衆国

インディはかせのポイント!

イエローストーン国立公園は、ホットスポットの火山の噴火でできた土地にある。地下の浅いところには高温のマグマがあり、公園内にはその熱でできた温泉や蒸気をふきだす穴がいくつも見られるよ！　もうひとつの特ちょうは、多くの生きものがくらすゆたかな自然だ。イエローストーンは、世界初の国立公園なんだ！

見てみよう! DVD ちょ～アチチな世界遺産

グランド・プリズマティック・スプリング

直径113mの巨大な虹色の温泉で、中心部の水温は80℃以上もあります。生きものは生きられず、水の透明度が高いので青く見えます。まわりは、そこにいる微生物の種類によって色がちがっています。

一定の時間をおいて、定期的に地下から熱湯をふきあげる温泉を「間欠泉」というよ！

オールド・フェイスフル・ガイザー

イエローストーン国立公園には、300以上の間欠泉があるといわれています。なかでも有名なオールド・フェイスフル・ガイザーは、「昔から忠実に」という意味の間欠泉で、その名のとおり約90分に1回、規則正しく40mほどの高さまで90℃の熱湯をふきあげます。

クローズアップ！

公園でよみがえった生きもの

オオカミは、アメリカ全土で害獣として残らず殺されましたが、カナダから同じ種を持ちこみ、数をふやすことができました。その結果、草食動物がふえすぎない、バランスのよい環境が保たれるようにもなったのです。

人間の狩りによって絶滅寸前まで追いこまれたアメリカバイソンも、保護されて数をふやすことができました。

Q なぜ地下から熱湯がふきだすの?

A イエローストーンでは、いまでも地下約5kmで熱いマグマが活動しています。マグマの熱であたためられた地下水は、体積がふえて、ふっとうしたお湯がふきこぼれるように、地面のすきまから地上へふきだしてくるのです。

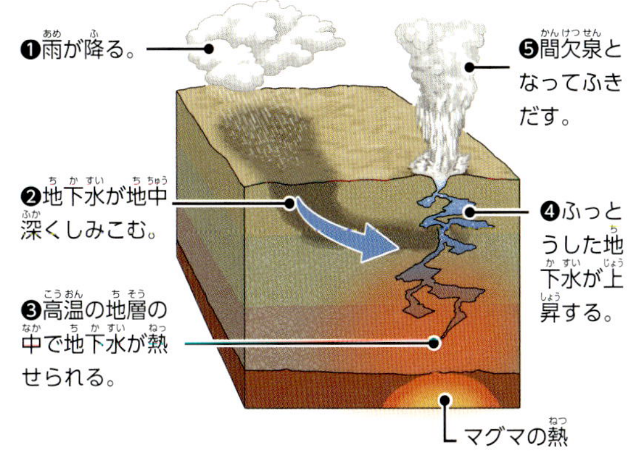

地球の年輪がきざまれた大峡谷

グランド・キャニオン

■グランド・キャニオン国立公園 ■自然遺産 ■1979年 ■アメリカ合衆国

インディはかせのポイント!

一面の荒野に広がる深い谷だ！　なだらかな高原だった場所が、数千万年の間に雨風や日光にさらされてけずられ、いきおいよく流れるコロラド川が地面をえぐりとって、深い谷をつくりあげた。谷のしま模様は、年代のちがう地層だ。この谷には、20億年以上の地球の歴史がきざまれているんだ！

アメリカ合衆国
グランド・キャニオン
太平洋

地層からは、たくさんの化石が見つかります。地層の年代ごとに見つかる化石の種類がちがうので、地球上の生きものがどのようにかわっていったのか、進化の過程を知る手がかりになります。また、その年代に、この場所が海や陸などどんな環境だったのかもわかります。

*ここで紹介した生きものには、年代をまたいで生きていたものもいます。

グランド・キャニオンの地層から見つかった、ウミユリなどの化石。地層は、その年代ごとの生きものの記録を乗せたタイムマシンのようなものです。

かつて、グランド・キャニオンは海の底でした。地球の長い歴史の間に、地層を積みかさねながら陸になったり海にしずんだりをくりかえし、約6500万年前に陸地になりました。それからまた長い時間をかけて、深さ1000mをこえる谷がつくられていったと考えられています。

年代によって地層をつくる土や岩石の種類がちがうから、しま模様ができるんだ！

コヨーテ
草地や平原にすむ、体長70〜100㎝のイヌ科の動物で、ウサギなどの動物をおそって食べます。

Q 生きものはくらせるの？

A グランド・キャニオンは、生きものにはきびしい環境に見えます。でも、高低差のある地形や気候など自然環境がちがう場所ごとに、さまざまな種類の生きものがくらしています。

サボテンのなかま
サボテンのなかまは、砂漠のような気温が高く雨の少ない環境で多く見られます。

カリフォルニアコンドル
絶滅寸前まで数がへった大型の鳥。グランド・キャニオンの崖は貴重な生息地です。

ガラガラヘビの一種
谷底などにすむヘビで、きばから強い毒を出して獲物をしとめます。

なぞめいた巨大遺跡

テオティワカン

■古代都市テオティワカン ■文化遺産 ■1987年 ■メキシコ合衆国

北中米

メキシコ

なぜ、とつぜんテオティワカンがほろびてしまったのか、それもなぞだ！

インディはかせのポイント！

約2300年前から1000年間ほど存在した都市だ。石づくりのピラミッド形の神殿などが見つかっている。でも、とつぜんほろびてしまったため、なぞが多い遺跡なんだ！

Q テオティワカンとはどんな意味？

A 「テオティワカン」とは「神々の生まれた場所」を意味します。ほろびてから約600年後にこの遺跡を発見した人々が、あまりの偉大さに名づけました。しかし、記録が残されていないことから、だれが国をおさめていたかなど、くわしいことはわかっていません。

1辺の長さが222.5mの巨大な「太陽のピラミッド」。

都市の中央を南北にのびた「死者の大通り」。

死者の大通りの始まりにある「月の広場」。

月のピラミッド

太陽のピラミッドの次に大きな建造物で、1辺の長さが約150m、高さは約46mあります。いけにえにされた人間や動物の骨が見つかっていることから、儀式に使われたと考えられています。

ケツァルコアトル神殿

壁面にはケツァルコアトルなどの神の彫刻があります。ケツァルコアトルとは、羽毛の生えたヘビのすがたをした豊饒の神です。シパクトリは、ワニのすがたをした神といわれています。

ティカル国立公園

■ティカル国立公園 ■複合遺産 ■1979年 ■グアテマラ共和国

インディはかせのポイント!

マヤ文明でもっとも古く、もっとも栄えた都市の遺跡だ！ 869年にほろんでからは、密林にうもれてしまっていたけれど、高度な文明の跡が残っているよ！

深い森からつきでた遺跡。ティカルからは、ピラミッドなど3000以上のマヤ文明の建造物が見つかっています。また、遺跡をおおう熱帯雨林は、多くの種類の生きものがくらす環境として評価されています。

1号神殿

上部にある入り口にジャガーの彫刻がきざまれていたことから、「大ジャガーの神殿」ともよばれている階段形のピラミッドです。儀式などに使われ、地下にはティカルを栄えさせた王のハサウ・チャン・カウィール1世がねむっています。

みどころ

発達したマヤ文明

マヤ文明は、約4000年前から500年ほど前まで、中央アメリカで栄えました。高度な知識と技術をもち、巨大な建造物はもちろん、天体観測をして暦をつくり、絵文字も使っていました。ただし、金属の道具などは使われていませんでした。

天文学
マヤ文明の都市、チチェン・イツァ（メキシコ）の天文台。

マヤ暦
天体観測をもとにつくられたカレンダー。

マヤ文字 上が読み方で、下がその意味です。

自由と民主主義のシンボル

自由の女神像

■自由の女神像 ■文化遺産 ■1984年 ■アメリカ合衆国

インディはかせのポイント!

その名のとおり、アメリカの自由と民主主義のシンボルだ！　ほんとうの名前は「世界を照らす自由」といい、アメリカの独立100周年を祝ってフランスからおくられた、友好のシンボルでもあるんだ！

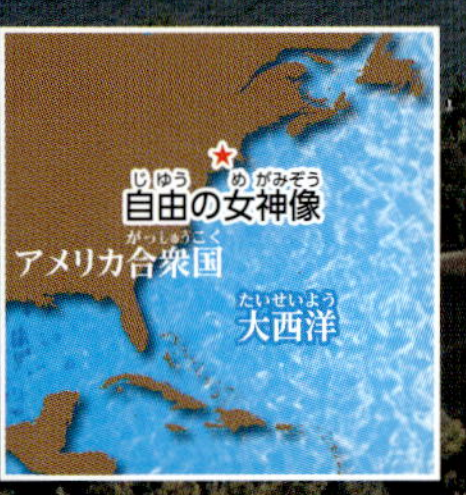

たいまつは世界を照らす自由の光をあらわし、かんむりの7つの突起は、世界の7つの大陸と7つの海に自由が広がることを願うものです。

像は高さ46m。内部に階段があり、展望台になっているかんむりまで上がれるよ！

アメリカの独立宣言書。英語とローマ数字で、イギリスから独立した記念日「1776年7月4日」と書かれています。

人の自由や権利をうばうくさりを、足でふみつけています。

船が出入りするニューヨーク湾にある、リバティ島に建つ自由の女神像。アメリカにやってくる人々を歓迎するかのようです。

女神像は、11の角をもつ星形の要塞の跡に建てられています。

クローズアップ！ フランスとの友好のあかし

自由の女神像は、フランスで提案されました。フランス人が設計し、300以上の部分に分けてアメリカにはこび組み立てたのです。建設資金は、両国の寄付によるものです。1886年10月28日、除幕式がおこなわれました。

フランスの作業場で製作が進められている女神像の左手。

くらべてみよう DVD 世界遺産 高いのはどっち？ 自由の女神像とビッグ・ベン

アメリカ大陸最初の植民都市

サント・ドミンゴ

■サント・ドミンゴ植民都市 ■文化遺産 ■1990年 ■ドミニカ共和国

コロンブスの像があり、大聖堂など重要な建物も多く残る都市の中心です。サント・ドミンゴは、現在、ドミニカ共和国の首都です。

インディはかせのポイント!

航海者のコロンブスが、大西洋を航海して見つけた島に建設した都市だ！　ヨーロッパ人によるアメリカ大陸進出への拠点となった、最初の植民都市だよ！

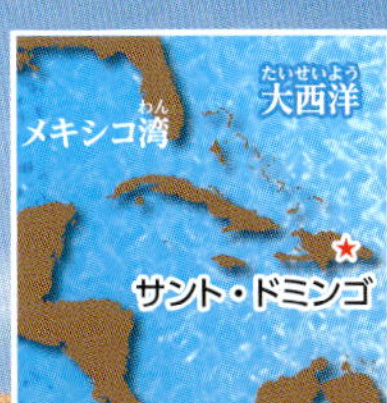

航海者、コロンブス

コロンブスは15世紀、スペインの援助で海を渡って探検し、1492年、「新大陸」とよばれるアメリカ大陸にたどりつきました。その後、ヨーロッパ諸国がアメリカ大陸を支配するようになりました。

コロンブスと、先住民を描いた絵。

断崖につくられたマンション

メサ・ヴェルデ

■メサ・ヴェルデ国立公園 ■文化遺産 ■1978年 ■アメリカ合衆国

インディはかせのポイント!

断崖のくぼみにつくられた、集合住宅群の跡だ！　大きいものでは200もの部屋があり、アメリカ大陸にもとからいた人々が住んでいたよ。

アメリカ合衆国
メサ・ヴェルデ

みどころ

岩の住居での暮らし

人々はトウモロコシなどの作物をつくり、狩りもしました。住居の中にある手づくりのかまどや道具で、調理をしていたと考えられています。

メサ・ヴェルデは「緑ゆたかな台地」という意味で、名前のとおり森林にかこまれています。住居はかためた泥などでできています。

ハワイ火山国立公園

■ハワイ火山国立公園 ■自然遺産 ■1987年 ■アメリカ合衆国

インディはかせのポイント!

ハワイ島は、火山の噴火でできた島だ。キラウエア火山は35年間も噴火がつづいていて、真っ赤な溶岩が地上に流れだしている！　島の人々にとってキラウエア火山は火の女神「ペレ」が住む場所であり、火山とともにくらしてきたよ！

見てみよう! DVD ちょ～アチチな世界遺産

火口から川のように流れていく溶岩。2018年5月には新しく噴火活動も観測されました。

クローズアップ! 火山をつくる“ホットスポット”

地下深くにある、高温でどろどろに溶けた岩石をマグマといいます。溶岩は地上に出たマグマのことで、やがて冷えてかたまります。マグマは「ホットスポット」という決まった場所からふきだし、かたまると火山ができます。マントルの上側には少しずつ動く岩石の層（プレート）があるため、ハワイ諸島ではベルトコンベアーのようにつぎつぎと火山が生まれます。

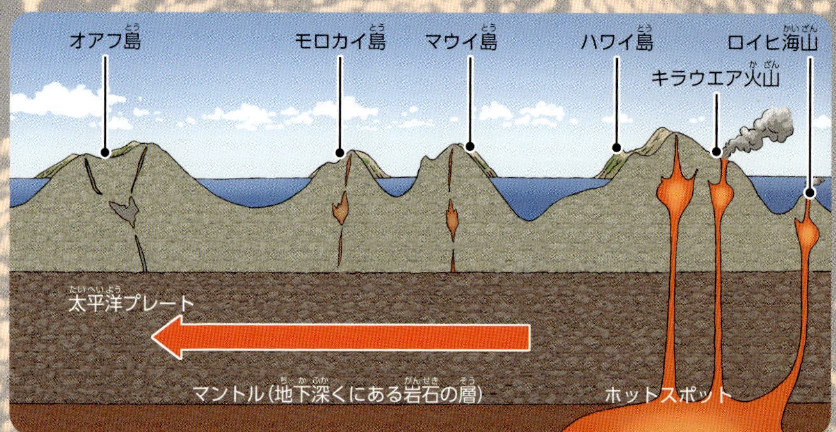

Q 火山は危険じゃないの？

A ハワイ島の火山は、溶岩のねばり気が少ないのが特ちょうで、はげしい爆発をおこすことはありません。また、溶岩が流れる方向もだいたい予測できるので、大きな被害が出ることはあまりないようです。

流れる溶岩を見物できる場所もありますが、危険と判断されたときは立ち入り禁止になります。

溶岩の表面にあいた「天窓」とよばれる穴。地下を流れるどろどろのマグマが見えます。

海に流れおちた溶岩は、海水で冷えてかたまると陸地になります。ハワイ島の面積は、いまでも広がっています。

キラウエア火山の火口、ハレマウマウクレーターからふきだす溶岩。島には、この山に住む火の女神「ペレ」がおこると噴火をおこす、という伝説があります。

公園内にはマウナ・ロア山という活火山もあって、たびたび噴火をくりかえしてきたよ！

神秘のブルー・ホール

ベリーズ・バリア・リーフ

■ベリーズのバリア・リーフ保護区 ■自然遺産 ■1996年 ■ベリーズ

インディはかせのポイント!

広大なサンゴ礁だ！　サンゴ礁は、さまざまな海の生きものの命を育てる。真っ青な「グレート・ブルー・ホール」でも、ゆうゆうと泳ぐ魚のすがたが見られるよ！

見てみよう! DVD アンビリーバブルな世界遺産

グレート・ブルー・ホール

グレート・ブルー・ホールは、カリブ海にぽっかりとあいた真っ青な穴です。穴の直径は約300m、深さは120mもあり、「カリブ海の宝石」とも「怪物の寝床」ともよばれています。

Q どうやってできたの?

A

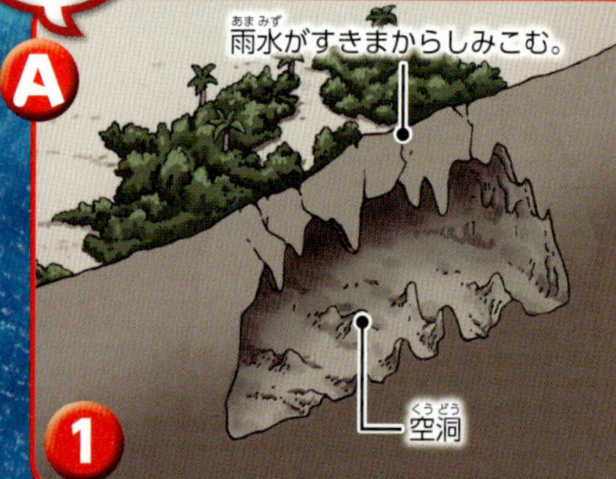

海の底だった石灰岩の層が陸になり、しみこんだ雨水が石灰岩を溶かして空洞ができます。

しだいに空洞が広がり、やがて空洞の天井の部分がくずれ落ちて、穴になります。

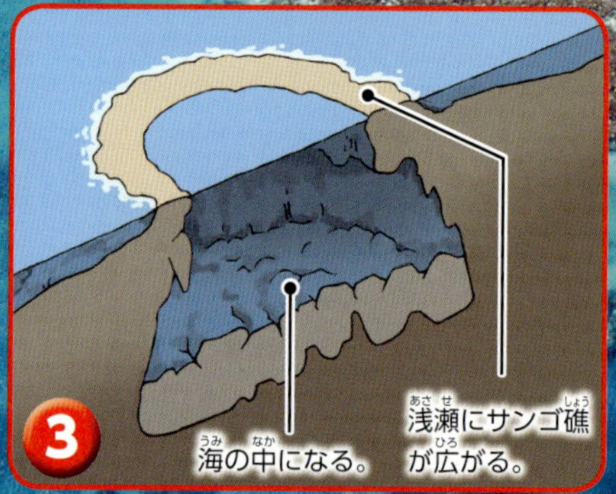

海面が上昇して、一帯は海の中にしずみ、空洞はそのまま海中の穴になって残ります。

※イラストは断面図でイメージをあらわしたものです。

チョウでうめつくされる森

オオカバマダラ生物圏保存地域

■オオカバマダラ生物圏保存地域
■自然遺産 ■2008年 ■メキシコ合衆国

インディはかせのポイント!

北米にすむオオカバマダラというチョウは、秋になると1億匹をこえる群れで越冬地まで3000km以上も旅をする！ 越冬地の森林は、チョウでうめつくされるんだ！

チョウが渡ってきたメキシコの森林。チョウの越冬地がまるごと保護されています。

太古からつづく巨木の森

レッドウッド国立・州立公園

■レッドウッド国立及び州立公園 ■自然遺産 ■1980年 ■アメリカ合衆国

インディはかせのポイント!

レッドウッド（セコイアスギ）は、700年も生きて100m以上の高さの大木に育つ。１億年以上前の化石も見つかるほど、古くから森をつくってきたんだ。巨木がならぶ公園は生き残った太古の森だ！

大昔はたくさんあった巨木の森は、いまではほとんど見られなくなりました。

恐竜が歩きまわった荒野

恐竜州立自然公園

■恐竜州立自然公園 ■自然遺産 ■1979年 ■カナダ

インディはかせのポイント!

世界でいちばんたくさんの恐竜化石が発見されている荒野だ。アルバートサウルスなど、その数は50種以上！ 大昔に、さまざまな恐竜が歩きまわっていた証拠だね！

白亜紀とよばれる時代の恐竜化石が、いまも地層から発見されています。

生物の進化を証明した島

ガラパゴス諸島

■ガラパゴス諸島 ■自然遺産 ■1978、2001年 ■エクアドル共和国

インディはかせのポイント!

南米大陸から西に約1000㎞はなれた太平洋上に浮かぶ、大小の島々だ。ガラパゴス諸島にすむ生きものには、ほかとはちがう特ちょうがある。このことから、地球の生きものの進化を知るヒントのつまった場所として注目されたんだ!

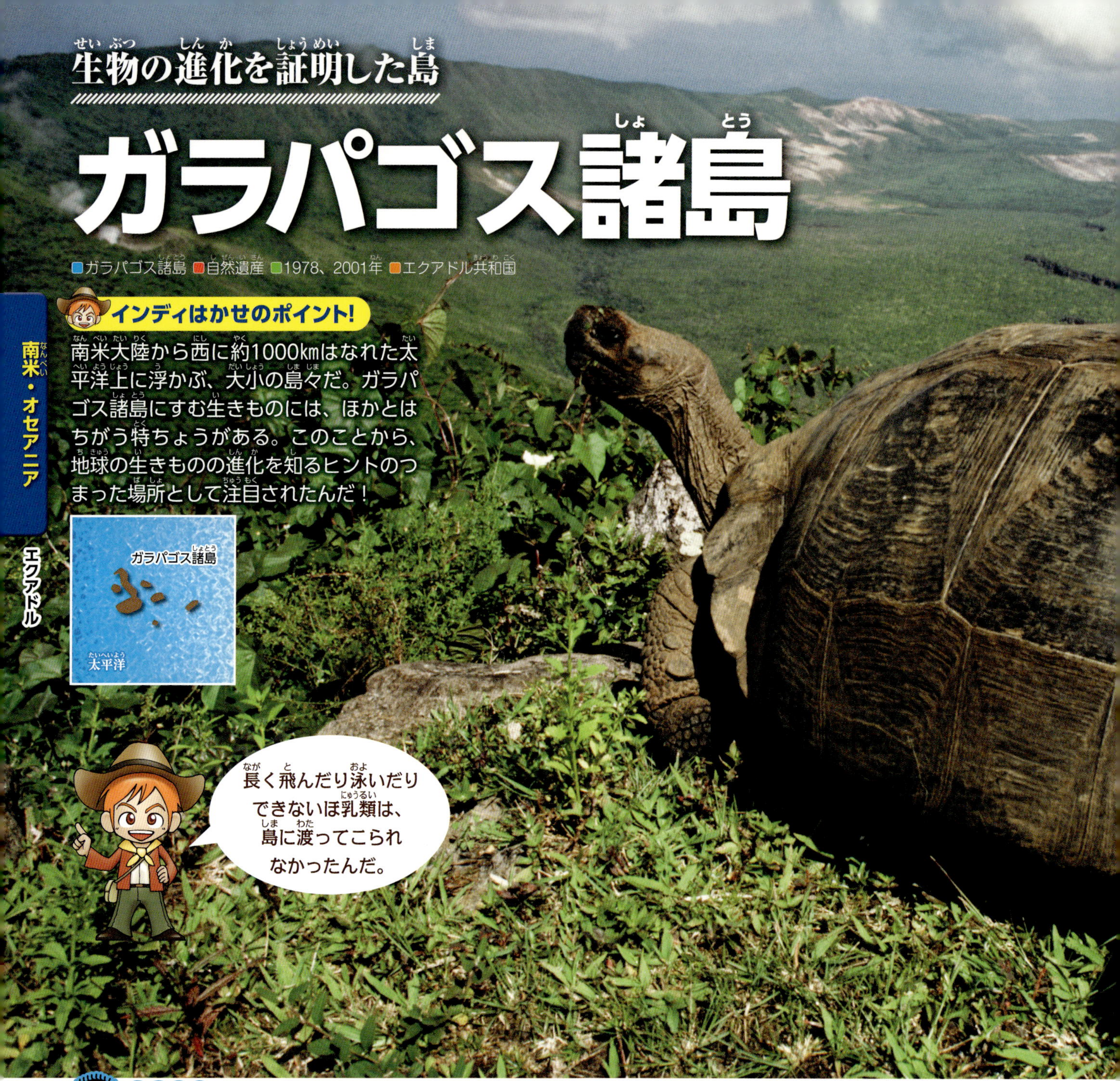

ガラパゴス諸島

太平洋

長く飛んだり泳いだりできないほ乳類は、島に渡ってこられなかったんだ。

地球でここだけの生物たち

ガラパゴス諸島はホットスポットにある海底火山の噴火でできた島々で、大陸とつながったことがありません。島の生きものは、風や海流ではこばれたり、飛んできたりしたものたちの子孫です。食べものが少ない環境で、生きるのに適した独特の特ちょうをもつようになりました。

陸上にすむイグアナのなかまで、おもにサボテンの葉や花を食べます。

祖先はリクイグアナと同じですが、海にもぐって海藻を食べはじめ、進化しました。

ガラパゴスゾウガメ

「ガラパゴス」とは、スペイン語で「淡水にすむカメ」の意味です。島々で、世界最大のガラパゴスゾウガメのすがたが見られます。ゾウガメは長生きで、100年以上生きるものもめずらしくありません。

クローズアップ!

進化のなぞを追ったダーウィン

チャールズ・ダーウィン

イギリスの生物学者のダーウィンは、ガラパゴス諸島で生きものを観察し、よく似た生きものの特ちょうのちがいに気がつきました。そして、環境によって生きもののすがたや暮らしが進化するという「進化論」を発表しました。

くちばしの形!

ダーウィンがくらべたフィンチ。食べるものでくちばしの形がちがいます。食べ分けることで競争相手がへります。

かたい実を食べるオオガラパゴスフィンチは、太くて強いくちばし。

実や花などを食べるガラパゴスフィンチは、やや細いくちばし。

小さな植物や昆虫を食べるコダーウィンフィンチ。

細いくちばしで昆虫をつかまえるムシクイフィンチ。

甲らの形!

ガラパゴスゾウガメは食べる植物によって甲らの形がちがいます。

背の高い植物を食べるゾウガメは、首をのばしやすいくら型。

背の低い植物を食べるゾウガメは、丸いドーム型。

ガラパゴスペンギン

赤道直下の熱帯でくらすゆいいつのペンギンで、ガラパゴス諸島だけに生息します。島の周りには冷たい海流が流れています。

ガラパゴスコバネウ

世界でただ1種の飛べないウです。おそってくる敵がいないので、翼が退化しました。

サボテンフィンチ

ガラパゴス諸島にはいろいろなフィンチ（鳥の種類）がいます。このフィンチはサボテンにやってきます。

ガラパゴスアシカ

ガラパゴス諸島にだけすむアシカです。海中を泳いで、魚などをとらえて食べます。

神聖なる地球のへそ

ウルル-カタ・ジュタ国立公園

■ウルル-カタ・ジュタ国立公園 ■複合遺産 ■1987、1994年 ■オーストラリア連邦

インディはかせのポイント！

オーストラリア大陸の真ん中にあり、「地球のへそ」とよばれる巨大な岩、それがウルルだ！ 大きさは、なんと東京ドーム100個分以上。ウルルは、オーストラリアに古くから住むアボリジニの人々の大切な場所でもあり、複合遺産に登録されたんだ！

伝統的なスタイルで演奏するアボリジニ。ふいているのは、ディジュリドゥという民族楽器。

クローズアップ！

大地とともに生きるアボリジニ

アボリジニは、ほかの大陸から人々が移りすむずっと昔からオーストラリアに住む人々のことで、もともとはおもに狩りや植物の採集をしてくらしていました。大地と自然とのつながりを大切にし、この世界をつくり終えた祖先がねむる場所であるという神話が伝わるウルルを、聖地として守っています。

アボリジニは、文字をもちません。そのかわり、絵で歴史や文化を伝えてきました。ウルルの岩肌にも、たくさんの壁画が残されています。

DVD アンビリーバブルな世界遺産 カカドゥ国立公園

南米・オセアニア
オーストラリア

巨岩がならぶ　カタ・ジュタ

ウルルから約30㎞はなれた場所に、36個の巨大な岩が集まっているカタ・ジュタがあります。オルガ山ともよばれます。カタ・ジュタとはアボリジニの言葉で「たくさんの頭」という意味で、ウルルとともにアボリジニの聖地です。ウルルもカタ・ジュタも、立ち入り禁止の区域があります。

カタ・ジュタの周囲は約36㎞もあり、はじめはウルルよりも大きなひとつの岩だったとも考えられています。

ウルルはアボリジニの言葉で「日かげの場所」という意味。エアーズ・ロックともよばれるよ。

夕日をあびたウルル。岩の鉄分がさびて赤く見えます。ウルルはひとつの岩でできていて、地上に出ているのは一部分です。岩肌のすじは、ふつうは水平にできる地層の線がねじ曲がり、たてになったものです。

Q ウルルは、どうやってできたの？

A ウルルは、地層が地球内部の動きでねじ曲がって地上に出てきたものです。長い間に表面がけずられ、現在の形になりました。

約5億年前は浅い海で、その下には地層が重なっていました。

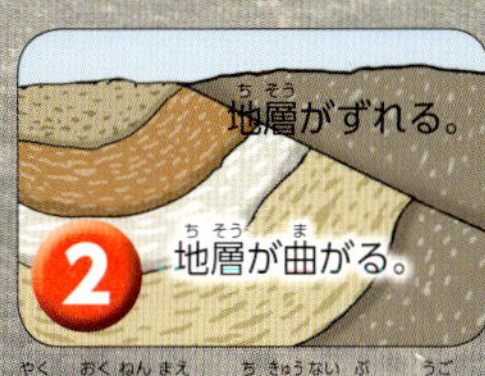

約4億年前、地球内部の動きで力が加わり、地層が曲がりました。

7000万年前には、90度ちかくねじ曲がって地上に出た地層が、長い間に表面をけずられ、現在の形になりました。

「地球の肺」とよばれる熱帯雨林

中央アマゾン

■中央アマゾン保全地域群 ■自然遺産 ■2000、2003年 ■ブラジル連邦共和国

インディはかせのポイント!

アマゾン川沿いに広がる、世界最大のジャングルだ！　大河と熱帯雨林と生きものがくらす生態系が、まるごと自然遺産だよ。植物は二酸化炭素をすって酸素をはきだす。ジャングルは「地球の肺」の役目をする大切な場所なんだ！

アマゾン川は、流れる水の量と流域の面積が世界一という大河で、1100本もの支流があります。

アカホエザル

ジャングルの木の上でくらすサルで、のどのふくろをふくらませて、大きな声で鳴きます。

アマゾンカワイルカ

アマゾン川の流域だけにすむイルカで、魚などをとらえて食べます。

デンキウナギ

体の中に電気をつくるしくみがあり、一瞬だけ水中に強い電気を流して、獲物をしびれさせます。

ジャガー

木登りも泳ぎもうまく、するどい牙とつめで獲物をとらえます。

クローズアップ! 森が消えていく!

アマゾンのジャングルは開発が進み、森が農園にかわるなど、生きものの命やすみかがうばわれています。保護されているのは、ほんの少しの地域だけなのです。

開発のために、広大な土地の木が切りたおされました。

広大な氷河地帯

ロス・グラシアレス

■ロス・グラシアレス国立公園 ■自然遺産 ■1981年 ■アルゼンチン共和国

ロス・グラシアレスは、スペイン語で「氷河」の意味だよ。

インディはかせのポイント!

南米の南のはじっこに、南パタゴニア氷原がある。ここから流れでる巨大な氷河は重みでゆっくりと動き、やがて大きな音と水けむりを上げて湖にくずれ落ちるんだ!

アルゼンチン
ロス・グラシアレス

クローズアップ! 青い氷

ロス・グラシアレスの氷河は、とても青く見えます。氷の中に空気のあわが少なくとうめいで、青い光だけが反射して見えるからです。

深い青色に見える氷河の氷。

たくさんある氷河のひとつペリト・モレノ氷河は、高さが60~80m、幅は約5kmにもわたっています。

世界最大のサンゴ礁

グレート・バリア・リーフ

■グレート・バリア・リーフ ■自然遺産 ■1981年 ■オーストラリア連邦

インディはかせのポイント!

世界最大のサンゴ礁だ! 広さは日本列島ほどもあり、約2900もの大小のサンゴ礁が集まってできている。海の中は、たくさんの生きものの楽園だよ!

グレート・バリア・リーフ
オーストラリア

クローズアップ! サンゴ礁のきらわれ者

サンゴを食べるオニヒトデは、サンゴ礁のきらわれ者です。大発生して、サンゴ礁を食べつくしてしまうこともあります。

オニヒトデは、30㎝ほどになる大型のヒトデで、長いとげに毒があります。

空から見たグレート・バリア・リーフ。青い海に、サンゴ礁がいろいろな模様を描いています。

石の巨人の島

見てみよう！ DVD ちょっとミステリーな世界遺産

イースター島のモアイ

■ラパ・ヌイ国立公園 ■文化遺産 ■1995年 ■チリ共和国

インディはかせのポイント！

モアイは、イースター島で見つかった、重さが数十トンもある石の巨人像だ。たくさんのモアイが、集落を見守るように立っていたんだ！

クローズアップ！ 復元された目

モアイには、昔は白いサンゴと赤い石でできた目がついていました。目には、ふしぎな力が宿るとされていました。

目をはめこんだモアイ。

ならんで立つモアイ。島には、たおれたモアイも多くあります。島の住民どうしの争いで、たおされたと考えられています。

太平洋
ラパ・ヌイ国立公園

ナスカの地上絵

■ナスカとパルパの地上絵 ■文化遺産 ■1994年 ■ペルー共和国

インディはかせのポイント！

砂漠の台地に描かれた、空からでないと全体が見渡せないほど巨大な絵だ。なんのために描いたのか、まだなぞが多いんだ！

クローズアップ！ 日本の調査隊の研究

地上絵は、1000以上も見つかっていて、なかには2000年以上前に描かれたものもあります。日本の山形大学の研究チームは、現地での調査や人工衛星を使った分析で、地上絵の分布や当時の社会の研究を進めています。

提供:山形大学ナスカ研究所

＊地上絵に復元した線を重ねたもの。

地上絵は、現在も新たに見つかっています。写真は、山形大学の研究チームが2016年に発見した、想像上の舌をのばした動物です。

クモの地上絵。地上絵がどのようにして描かれたかは、まだわかっていません。

アンデス山地の天空都市

マチュ・ピチュ

■マチュ・ピチュの歴史保護区
■複合遺産 ■1983年 ■ペルー共和国

インディはかせのポイント!

標高2500mの高地につくられ「天空都市」とよばれる、インカ帝国の都市の遺跡だ！ それに、コンドルなどが生息する自然環境も評価され、複合遺産に登録されているよ。

山の尾根に、巨大な石の神殿や住居、段々畑の跡などが残されています。

手形のアート

クエバ・デ・ラス・マノス

■リオ・ピントゥラスのクエバ・デ・ラス・マノス
■文化遺産 ■1999年 ■アルゼンチン共和国

インディはかせのポイント!

クエバ・デ・ラス・マノスは、「手の洞窟」という意味だ。その名のとおり、洞窟の壁には800もの手形が残されている！ 古くは1万2000年前の人々が、岩肌においた手のまわりに顔料をふきつけたんだ。

手形のほとんどは左手で、手のほかにも人や動物の絵が描かれています。

37億年の命が生きる海

シャーク湾

■西オーストラリアのシャーク湾 ■自然遺産 ■1991年 ■オーストラリア連邦

インディはかせのポイント!

遠浅で海藻がしげる海は、ジュゴンやジンベエザメなど多くの生きものの楽園だ！ そして、37億年前から地球に酸素を提供する生命、ストロマトライトが生きつづけている！

岩のように見えるのがストロマトライト。光合成をおこなうシアノバクテリアが形づくったものです。

水のスペクタクル

ブラジル
イグアスの滝

インディはかせのポイント!

水しぶきをあげて、いきおいよく滝つぼに向かって流れおちる滝。世界には、おどろくようなすがたの滝もあるよ！　ここでは、流れおちる落差や川幅、水の量、どれをとっても迫力満点の、世界遺産に登録された滝を紹介しよう。

イグアスの滝

■イグアス国立公園 ■自然遺産
■1984年（アルゼンチン）、1986年（ブラジル）
■アルゼンチン共和国、ブラジル連邦共和国

南米のイグアス川にある滝。イグアスは「巨大な水」という意味で、275の滝が集まってできている。幅4kmをこえる滝からは、毎秒６万5000tの水が流れおちる。とくに、すさまじい水の音を悪魔のうなり声にたとえた「悪魔ののど笛」とよばれる滝が有名だ！

ヴィクトリアの滝

■モシ・オ・トゥニャ/ヴィクトリアの滝 ■自然遺産
■1989年 ■ザンビア共和国、ジンバブエ共和国

アフリカ南部のザンベジ川にある滝で、現地の言葉で「雷鳴がとどろく水けむり」を意味する「モシ・オ・トゥニャ」ともよばれるよ。大地にぱっくり開いた割れ目に、水がいきおいよく流れおちていくんだ！　水けむりは遠くからでも見えるよ！

 ■正式名称 ■遺産の種類 ■登録年 ■国名

ギアナ高地は標高600mをこえる高地です。そのなかに、頂上が平たいことから「テーブル・マウンテン」とよばれる、いくつもの断崖絶壁の山がそびえ立ちます。エンジェル・フォールがあるアウヤン・テプイは、最大級のテーブル・マウンテンです。ギアナ高地には独特の自然が広がり、この一帯でしか見られない生きものがくらしています。

アウヤン・テプイ

空から見たアウヤン・テプイ。テプイとは、現地の言葉でテーブル・マウンテンを指し、「神々の家」という意味をもちます。

エンジェル・フォール

■カナイマ国立公園 ■自然遺産 ■1994年
■ベネズエラ・ボリバル共和国

南米のギアナ高地のアウヤン・テプイにある、落差が世界一の滝だ。979mの高さから流れおちる水はとちゅうで霧にかわってしまい、地上には水がたまる滝つぼがない！ 1937年に飛行機でこの滝を見た人の名前がつけられているよ。

世界遺産 地域別リスト

この本で紹介していない世界遺産のリストです。国名は五十音順、遺産名称は登録年の新しいものから順に、1988年に登録されたものまでをのせています。登録年が複数のものは、新たに登録範囲が拡張された年をふくんでいます。

（出典：『講談社MOOK 世界遺産年報2018』 公益社団法人 日本ユネスコ協会連盟編）

アジア

国名	遺産名称	遺産種別	登録年
アゼルバイジャン共和国	ゴブスタンのロック・アートと文化的景観	文化遺産	2007
アゼルバイジャン共和国	城壁都市バクー、シルヴァンシャー宮殿、及び乙女の塔	文化遺産	2000
アフガニスタン・イスラム共和国	バーミヤン渓谷の文化的景観と古代遺跡群	文化遺産	2003
アフガニスタン・イスラム共和国	ジャムのミナレットと考古遺跡群	文化遺産	2002
アラブ首長国連邦	アル・アインの遺跡群	文化遺産	2011
イエメン共和国	ソコトラ諸島	自然遺産	2008
イエメン共和国	古都ザビード	文化遺産	1993
イスラエル国	ベート・シェアリムの墓地遺跡：ユダヤ再興を示すランドマーク	文化遺産	2015
イスラエル国	洞窟の地の小宇宙としてのユダヤ低地のマレシャとベイト・グブリンの洞窟群	文化遺産	2014
イスラエル国	人類の進化を示すカルメル山の遺跡：ナハル・メアロット/ワディ・エルムガーラ渓谷の洞窟群	文化遺産	2012
イスラエル国	ハイファ及び西ガリラヤ地方のバハイ聖地群	文化遺産	2008
イスラエル国	香料の道-ネゲヴ砂漠都市	文化遺産	2005
イスラエル国	聖書時代の遺丘群-メギッド、ハツォール、ベエル・シェバ	文化遺産	2005
イスラエル国	テル-アビーブのホワイト・シティー近代化運動	文化遺産	2003
イスラエル国	マサダ	文化遺産	2001
イスラエル国	アッコ旧市街	文化遺産	2001
イラク共和国	南イラクのアフワール：生物の避難所と古代メソポタミア都市景観の残影	複合遺産	2016
イラク共和国	エルビル城塞	文化遺産	2014
イラク共和国	都市遺跡サーマッラー	文化遺産	2007
イラク共和国	アッシュール（カラット・シェルカット）	文化遺産	2003
イラン・イスラム共和国	ファールス地方のササン朝の考古学的景観	文化遺産	2018
イラン・イスラム共和国	古都ヤズド	文化遺産	2017
イラン・イスラム共和国	ルート砂漠	自然遺産	2016
イラン・イスラム共和国	イランの地下水路カナート	文化遺産	2016
イラン・イスラム共和国	メイマンドの文化的景観	文化遺産	2015
イラン・イスラム共和国	スーサ	文化遺産	2015
イラン・イスラム共和国	シャフレ・ソフテ	文化遺産	2014
イラン・イスラム共和国	ゴレスターン宮殿	文化遺産	2013
イラン・イスラム共和国	ゴンバデ・カーブース	文化遺産	2012
イラン・イスラム共和国	イスファハンのジャーメ・モスク	文化遺産	2012
イラン・イスラム共和国	ペルシャ庭園	文化遺産	2011
イラン・イスラム共和国	アルダビールのシェイフ・サフィー・ユッディーンの修道院と聖者廟複合体	文化遺産	2010
イラン・イスラム共和国	タブリーズの歴史的バザール複合体	文化遺産	2010
イラン・イスラム共和国	シューシュタルの歴史的水利施設	文化遺産	2009
イラン・イスラム共和国	イランのアルメニア修道院群	文化遺産	2008
イラン・イスラム共和国	ビソトゥーン	文化遺産	2006
イラン・イスラム共和国	ソルターニーエ	文化遺産	2005
イラン・イスラム共和国	パサルガダエ	文化遺産	2004
イラン・イスラム共和国	バムとその文化的景観	文化遺産	2004
イラン・イスラム共和国	タハテ・スレマーン	文化遺産	2003
インド	ムンバイのヴィクトリアン・ゴシックとアール・デコの遺産群	文化遺産	2018
インド	古都アフマダーバード	文化遺産	2017
インド	ビハール州ナーランダ・マハーヴィハーラ（ナーランダ大学）の遺跡	文化遺産	2016
インド	カンチェンゾンガ国立公園	複合遺産	2016
インド	ル・コルビュジエの建築作品-近代建築運動への顕著な貢献-	文化遺産	2016
インド	大ヒマラヤ国立公園	自然遺産	2014
インド	ラニ・キ・ヴァヴ グジャラート・パタンの女王の階段井戸	文化遺産	2014
インド	ラージャスターンの丘陵要塞群	文化遺産	2013
インド	西ガーツ山脈	自然遺産	2012
インド	ジャイプールにあるジャンタール・マンタール	文化遺産	2010
インド	レッド・フォートの建造物群	文化遺産	2007
インド	チャトラパティ・シヴァージー・ターミナス駅（旧名ヴィクトリア・ターミナス）	文化遺産	2004
インド	チャンパネール-パーヴァガドゥ遺跡公園	文化遺産	2004
インド	ビンベットカのロック・シェルター群	文化遺産	2003
インド	ブッダガヤの大菩提寺	文化遺産	2002
インド	インドの山岳鉄道群	文化遺産	1999、2005、2008
インド	デリーのフマユーン廟	文化遺産	1993
インド	デリーのクトゥブ・ミナールとその建造物群	文化遺産	1993
インド	サーンチーの仏教建造物群	文化遺産	1989
インド	ナンダ・デヴィ国立公園及び花の谷国立公園	自然遺産	1988、2005
インドネシア共和国	バリ州の文化的景観：トリ・ヒタ・カラナ哲学に基づくスバック灌漑システム	文化遺産	2012
インドネシア共和国	スマトラの熱帯雨林遺産	自然遺産	2004
インドネシア共和国	ロレンツ国立公園	自然遺産	1999
インドネシア共和国	サンギラン初期人類遺跡	文化遺産	1996
インドネシア共和国	ウジュン・クロン国立公園	自然遺産	1991
インドネシア共和国	プランバナン寺院遺跡群	文化遺産	1991
ウズベキスタン共和国	西天山	自然遺産	2016
ウズベキスタン共和国	サマルカンド-文化交差路	文化遺産	2001
ウズベキスタン共和国	シャフリサブス歴史地区	文化遺産	2000
ウズベキスタン共和国	ブハラ歴史地区	文化遺産	1993

国名	遺産名称	遺産種別	登録年
ウズベキスタン共和国	イチャン・カラ	文化遺産	1990
オマーン国	古代都市カルハット	文化遺産	2018
オマーン国	アフラージュ、オマーンの灌漑システム	文化遺産	2006
オマーン国	フランキンセンスの国土	文化遺産	2000
オマーン国	バット、アル-フトゥム、アル-アインの古代遺跡群	文化遺産	1988
カザフスタン共和国	西天山	自然遺産	2016
カザフスタン共和国	シルクロード：長安-天山回廊の交易路網	文化遺産	2014
カザフスタン共和国	サルヤルカ-カザフスタン北部のステップと湖沼群	自然遺産	2008
カザフスタン共和国	タムガリの考古的景観にある岩絵群	文化遺産	2004
カザフスタン共和国	ホンジャ・アフメッド・ヤサウイ廟	文化遺産	2003
カタール国	アル・ズバラ考古遺跡	文化遺産	2013
カンボジア王国	サンボー・プレイ・クックの寺院地区と古代イーシャナプラの考古遺跡	文化遺産	2017
カンボジア王国	プレア・ヴィヘア寺院	文化遺産	2008
北朝鮮（朝鮮民主主義人民共和国）	開城の歴史的建造物と遺跡	文化遺産	2013
北朝鮮（朝鮮民主主義人民共和国）	高句麗古墳群	文化遺産	2004
キルギス共和国	西天山	自然遺産	2016
キルギス共和国	シルクロード：長安-天山回廊の交易路網	文化遺産	2014
キルギス共和国	スライマン-トー聖山	文化遺産	2009
サウジアラビア王国	アハサー・オアシス、進化する文化的景観	文化遺産	2018
サウジアラビア王国	サウジアラビアのハイール地方のロック・アート	文化遺産	2015
サウジアラビア王国	ジェッダ歴史地区：メッカへの玄関口	文化遺産	2014
サウジアラビア王国	ディルイーヤのトライフ	文化遺産	2010
サウジアラビア王国	アル-ヒジュル古代遺跡（マダイン・サーレハ）	文化遺産	2008
シリア・アラブ共和国	シリア北部の古代村落群	文化遺産	2011
シリア・アラブ共和国	クラック・デ・シュヴァリエとサラディン城	文化遺産	2006
シンガポール共和国	シンガポール植物園	文化遺産	2015
スリランカ民主社会主義共和国	スリランカ中央高原	自然遺産	2010
スリランカ民主社会主義共和国	ダンブッラの黄金寺院	文化遺産	1991
スリランカ民主社会主義共和国	シンハラジャ森林保護区	自然遺産	1988
スリランカ民主社会主義共和国	聖地キャンディ	文化遺産	1988
スリランカ民主社会主義共和国	ゴール旧市街とその要塞群	文化遺産	1988
タイ王国	ドン・パヤーイェン-カオ・ヤイ森林群	自然遺産	2005
タイ王国	バン・チアンの古代遺跡	文化遺産	1992
タイ王国	古代都市スコタイと周辺の古代都市群	文化遺産	1991
タイ王国	古都アユタヤ	文化遺産	1991
タイ王国	トゥンヤイ-ファイ・カ・ケン野生生物保護区群	自然遺産	1991
大韓民国	山寺（サンサ）、韓国の仏教山岳僧院	文化遺産	2018
大韓民国	百済歴史地域	文化遺産	2015
大韓民国	南漢山城	文化遺産	2014
大韓民国	韓国の歴史的集落群：河回と良洞	文化遺産	2010
大韓民国	朝鮮王朝の王墓群	文化遺産	2009
大韓民国	済州火山島と溶岩洞窟群	自然遺産	2007
大韓民国	慶州歴史地域	文化遺産	2000
大韓民国	高敞、和順、江華の支石墓群跡	文化遺産	2000
大韓民国	昌徳宮	文化遺産	1997
大韓民国	華城	文化遺産	1997
大韓民国	石窟庵と仏国寺	文化遺産	1995
大韓民国	八萬大蔵経の納められた伽倻山海印寺	文化遺産	1995
大韓民国	宗廟	文化遺産	1995
タジキスタン共和国	タジク国立公園（パミール山脈）	自然遺産	2013
タジキスタン共和国	サラズムの遺跡	文化遺産	2010
中華人民共和国	梵浄山	自然遺産	2018
中華人民共和国	鼓浪嶼：歴史的共同租界	文化遺産	2017
中華人民共和国	青海可可西里	自然遺産	2017
中華人民共和国	湖北省の神農架	自然遺産	2016
中華人民共和国	左江花山のロック・アートの文化的景観	文化遺産	2016
中華人民共和国	土司の遺跡群	文化遺産	2015
中華人民共和国	シルクロード：長安-天山回廊の交易路網	文化遺産	2014
中華人民共和国	中国大運河	文化遺産	2014
中華人民共和国	紅河ハニ棚田群の文化的景観	文化遺産	2013
中華人民共和国	新疆天山	自然遺産	2013
中華人民共和国	澄江の化石産地	自然遺産	2012
中華人民共和国	上都（ザナドゥ）の遺跡	文化遺産	2012
中華人民共和国	杭州西湖の文化的景観	文化遺産	2011
中華人民共和国	河南登封の文化財"天地之中"	文化遺産	2010
中華人民共和国	中国丹霞	自然遺産	2010
中華人民共和国	五台山	文化遺産	2009
中華人民共和国	三清山国立公園	自然遺産	2008
中華人民共和国	中国南方カルスト	自然遺産	2007、2014
中華人民共和国	開平の望楼群と村落	文化遺産	2007
中華人民共和国	殷墟	文化遺産	2006
中華人民共和国	四川ジャイアントパンダ保護区群	自然遺産	2006
中華人民共和国	マカオ歴史地区	文化遺産	2005
中華人民共和国	古代高句麗王国の首都と古墳群	文化遺産	2004

国名	遺産名称	遺産種別	登録年
中華人民共和国	雲南三江併流の保護地域群	自然遺産	2003
中華人民共和国	雲崗石窟	文化遺産	2001
中華人民共和国	明・清朝の皇帝陵墓群	文化遺産	2000、2003、2004
中華人民共和国	青城山と都江堰水利(灌漑)施設	文化遺産	2000
中華人民共和国	安徽南部の古村落-西逓・宏村	文化遺産	2000
中華人民共和国	龍門石窟	文化遺産	2000
中華人民共和国	武夷山	複合遺産	1999
中華人民共和国	大足石刻	文化遺産	1999
中華人民共和国	頤和園、北京の皇帝の庭園	文化遺産	1998
中華人民共和国	天壇:北京の皇帝の廟壇	文化遺産	1998
中華人民共和国	蘇州古典園林	文化遺産	1997、2000
中華人民共和国	麗江旧市街	文化遺産	1997
中華人民共和国	古都平遥	文化遺産	1997
中華人民共和国	廬山国立公園	文化遺産	1996
中華人民共和国	峨眉山と楽山大仏	複合遺産	1996
中華人民共和国	ラサのポタラ宮歴史地区	文化遺産	1994、2000、2001
中華人民共和国	承徳の避暑山荘と外八廟	文化遺産	1994
中華人民共和国	曲阜の孔廟、孔林、孔府	文化遺産	1994
中華人民共和国	武当山の古代建築物群	文化遺産	1994
中華人民共和国	九寨溝の渓谷の景観と歴史地域	自然遺産	1992
中華人民共和国	黄龍の景観と歴史地域	自然遺産	1992
中華人民共和国	黄山	複合遺産	1990
トルクメニスタン	ニッサのパルティア要塞群	文化遺産	2007
トルクメニスタン	クニヤ-ウルゲンチ	文化遺産	2005
トルクメニスタン	国立歴史文化公園"古代メルフ"	文化遺産	1999
ネパール連邦民主共和国	仏陀の生誕地ルンビニ	文化遺産	1997
バーレーン王国	島の経済を表す真珠産業遺産	文化遺産	2012
バーレーン王国	カルアト・アル-バフレーン-古代の港とディルムンの首都	文化遺産	2005
パキスタン・イスラム共和国	ロータス城塞	文化遺産	1997
パレスチナ自治政府	ヘブロン/アル-ハリール旧市街	文化遺産	2017
パレスチナ自治政府	パレスチナ:オリーブとワインの地-エルサレム南部バティールの文化的景観	文化遺産	2014
パレスチナ自治政府	イエス生誕の地:ベツレヘムの聖誕教会と巡礼路	文化遺産	2012
バングラデシュ人民共和国	シュンドルボン	自然遺産	1997
フィリピン共和国	ハミギタン山地野生生物保護区	自然遺産	2014
フィリピン共和国	古都ビガン	文化遺産	1999
フィリピン共和国	プエルト-プリンセサ地下河川国立公園	自然遺産	1999
フィリピン共和国	フィリピン・コルディリェーラの棚田群	文化遺産	1995
フィリピン共和国	トゥバタハ岩礁自然公園	自然遺産	1993、2009
フィリピン共和国	フィリピンのバロック様式教会群	文化遺産	1993
ベトナム社会主義共和国	チャン・アン複合景観	複合遺産	2014
ベトナム社会主義共和国	ホー王朝の城塞	文化遺産	2011
ベトナム社会主義共和国	ハノイ-タンロン王城遺跡中心地区	文化遺産	2010
ベトナム社会主義共和国	フォンニャ-ケバン国立公園	自然遺産	2003、2015
ベトナム社会主義共和国	古都ホイアン	文化遺産	1999
ベトナム社会主義共和国	ミーソン聖域	文化遺産	1999
ベトナム社会主義共和国	ハロン湾	自然遺産	1994、2000
ベトナム社会主義共和国	フエの建造物群	文化遺産	1993
マレーシア	レンゴン渓谷の考古遺跡	文化遺産	2012
マレーシア	マラッカとジョージタウン、マラッカ海峡の古都群	文化遺産	2008
ミャンマー連邦共和国	ピュー古代都市群	文化遺産	2014
モンゴル国	ダウリアの景観群	自然遺産	2017
モンゴル国	大ボルハン・ハルドゥン山とその周辺の聖なる景観	文化遺産	2015
モンゴル国	モンゴル・アルタイ山系の岩絵群	文化遺産	2011
モンゴル国	オルホン渓谷文化的景観	文化遺産	2004
モンゴル国	オヴス・ヌール盆地	自然遺産	2003
ヨルダン・ハシェミット王国	洗礼の地"ヨルダン川対岸のベタニア"(アル・マグタス)	文化遺産	2015
ヨルダン・ハシェミット王国	ワディ・ラム保護地域	複合遺産	2011
ヨルダン・ハシェミット王国	ウム・エル-ラサス(キャストロ・メファ)	文化遺産	2004
ラオス人民民主共和国	チャンパサック県の文化的景観にあるワット・プーと関連古代遺産群	文化遺産	2001
ラオス人民民主共和国	ルアン・パバンの町	文化遺産	1995
レバノン共和国	カディーシャ渓谷(聖なる谷)と神のスギの森(ホルシュ・アルツ・エル-ラーブ)	文化遺産	1998

ヨーロッパ

国名	遺産名称	遺産種別	登録年
アイスランド共和国	スルツエイ	自然遺産	2008
アイスランド共和国	シングヴェトリル国立公園	文化遺産	2004
アイルランド	シュケリッグ・ヴィヒル	文化遺産	1996
アイルランド	ブルー・ナ・ボーニャ　ボイン渓谷の遺跡群	文化遺産	1993
アルバニア共和国	カルパチア山脈とヨーロッパ地域の古代及び原生ブナ林	自然遺産	2007、2011、2017
アルバニア共和国	ベラットとギロカストラの歴史地区	文化遺産	2005、2008
アルバニア共和国	ブトリント	文化遺産	1992、1999
アルメニア共和国	ゲハルト修道院とアザート川上流域	文化遺産	2000
アルメニア共和国	エチミアツィンの大聖堂と教会群及びズヴァルトノツの古代遺跡	文化遺産	2000
アルメニア共和国	ハフパトとサナヒンの修道院群	文化遺産	1996、2000
アンドラ公国	マデリウ-ペラフィタ-クラーロル渓谷	文化遺産	2004
イタリア共和国	イヴレーア、20世紀の産業都市	文化遺産	2018
イタリア共和国	16-17世紀ヴェネツィア共和国の軍事防衛施設群:スタート・ダ・テッラー西部スタート・ダ・マーレ	文化遺産	2017
イタリア共和国	アラブ-ノルマン様式のパレルモおよびチェファルとモンレアーレの大聖堂	文化遺産	2015
イタリア共和国	ピエモンテの葡萄畑景観:ランゲ-ロエロ・モンフェッラート	文化遺産	2014
イタリア共和国	トスカナ地方のメディチ家の別荘と庭園群	文化遺産	2013
イタリア共和国	エトナ山	自然遺産	2013
イタリア共和国	イタリアのロンゴバルド族:権勢の足跡(568-774年)	文化遺産	2011
イタリア共和国	アルプス山系の先史時代杭上住居跡群	文化遺産	2011
イタリア共和国	ドロミーティ	自然遺産	2009
イタリア共和国	マントヴァとサッビオネータ	文化遺産	2008
イタリア共和国	カルパチア山脈とヨーロッパ地域の古代及び原生ブナ林	自然遺産	2007、2011、2017
イタリア共和国	ジェノヴァ:レ・ストラーデ・ヌオーヴェとパラッツィ・デイ・ロッリ制度	文化遺産	2006
イタリア共和国	シラクーザとパンタリカの岩壁墓地遺跡	文化遺産	2005
イタリア共和国	オルチア渓谷	文化遺産	2004
イタリア共和国	チェルヴェテリとタルキニアのエトルリア古代都市群	文化遺産	2004
イタリア共和国	サン・ジョルジオ山	自然遺産	2003、2010
イタリア共和国	ピエモンテとロンバルディアのサクリ・モンティ	文化遺産	2003
イタリア共和国	ヴァル・ディ・ノートの後期バロック様式の町々(シチリア島南東部)	文化遺産	2002
イタリア共和国	ティヴォリのエステ家別荘	文化遺産	2001
イタリア共和国	ヴェローナ市	文化遺産	2000
イタリア共和国	エオリア諸島	自然遺産	2000
イタリア共和国	アッシージ、聖フランチェスコ聖堂と関連遺跡群	文化遺産	2000
イタリア共和国	ヴィッラ・アドリアーナ(ティヴォリ)	文化遺産	1999
イタリア共和国	アクイレイアの遺跡地域と総主教聖堂バシリカ	文化遺産	1998
イタリア共和国	ウルビーノ歴史地区	文化遺産	1998
イタリア共和国	パエストゥムとヴェリアの古代遺跡群を含むチレントとディアノ渓谷国立公園とパドゥーラのカルトゥジオ修道院	文化遺産	1998
イタリア共和国	カゼルタの18世紀の王宮と公園、ヴァンヴィテッリの水道橋とサン・レウチョ邸宅群	文化遺産	1997
イタリア共和国	サヴォイア王家の王宮群	文化遺産	1997
イタリア共和国	パドヴァの植物園(オルト・ボタニコ)	文化遺産	1997
イタリア共和国	ポルトヴェネーレ、チンクエ・テッレ及び小島群(パルマリア、ティーノ及びティネット島)	文化遺産	1997
イタリア共和国	モデナの大聖堂、トッレ・チヴィカ及びグランデ広場	文化遺産	1997
イタリア共和国	アマルフィ海岸	文化遺産	1997
イタリア共和国	アグリジェントの遺跡地域	文化遺産	1997
イタリア共和国	ヴィッラ・ロマーナ・デル・カサーレ	文化遺産	1997
イタリア共和国	スー・ヌラージ・ディ・バルーミニ	文化遺産	1997
イタリア共和国	デル・モンテ城	文化遺産	1996
イタリア共和国	アルベロベッロのトゥルッリ	文化遺産	1996
イタリア共和国	ラヴェンナの初期キリスト教建築物群	文化遺産	1996
イタリア共和国	ピエンツァ市街の歴史地区	文化遺産	1996
イタリア共和国	フェッラーラ:ルネサンス期の市街とポー川デルタ地帯	文化遺産	1995、1999
イタリア共和国	シエナ歴史地区	文化遺産	1995
イタリア共和国	ナポリ歴史地区	文化遺産	1995
イタリア共和国	クレスピ・ダッダ	文化遺産	1995
イタリア共和国	ヴィチェンツァ市街とヴェネト地方のパッラーディオ様式の邸宅群	文化遺産	1994、1996
イタリア共和国	マテーラの洞窟住居と岩窟教会公園	文化遺産	1993
イタリア共和国	サン・ジミニャーノ歴史地区	文化遺産	1990
ウクライナ	古代都市「タウリカのヘルソネソス」とそのホーラ	文化遺産	2013
ウクライナ	ポーランド、ウクライナのカルパチア地方の木造教会	文化遺産	2013
ウクライナ	ブコヴィナ・ダルマティアの主教座施設	文化遺産	2011
ウクライナ	カルパチア山脈とヨーロッパ地域の古代及び原生ブナ林	自然遺産	2007、2011、2017
ウクライナ	シュトゥルーヴェの三角点アーチ観測地点群	文化遺産	2005
ウクライナ	リヴィフ歴史地区	文化遺産	1998
ウクライナ	キエフ:聖ソフィア大聖堂と関連する修道院建築物群、キエフ-ペチェールスカヤ大修道院	文化遺産	1990
英国(グレートブリテン及び北アイルランド連合王国)	イギリス湖水地方	文化遺産	2017
英国(グレートブリテン及び北アイルランド連合王国)	ゴーハムの洞窟群	文化遺産	2016
英国(グレートブリテン及び北アイルランド連合王国)	フォース橋	文化遺産	2015
英国(グレートブリテン及び北アイルランド連合王国)	ポントカサステ水路橋と水路	文化遺産	2009
英国(グレートブリテン及び北アイルランド連合王国)	コーンウォールとウェストデヴォンの鉱山景観	文化遺産	2006
英国(グレートブリテン及び北アイルランド連合王国)	リヴァプール-海商都市	文化遺産	2004
英国(グレートブリテン及び北アイルランド連合王国)	キュー王立植物園	文化遺産	2003

国名	遺産名称	遺産種別	登録年
英国(グレートブリテン及び北アイルランド連合王国)	ニュー・ラナーク	文化遺産	2001
英国(グレートブリテン及び北アイルランド連合王国)	ソルテア	文化遺産	2001
英国(グレートブリテン及び北アイルランド連合王国)	ドーセット及び東デヴォン海岸	自然遺産	2001
英国(グレートブリテン及び北アイルランド連合王国)	ダーウェント峡谷の工場群	文化遺産	2001
英国(グレートブリテン及び北アイルランド連合王国)	バミューダ島の古都セント・ジョージと関連要塞群	文化遺産	2000
英国(グレートブリテン及び北アイルランド連合王国)	ブレナヴォン産業景観	文化遺産	2000
英国(グレートブリテン及び北アイルランド連合王国)	オークニー諸島の新石器時代遺跡中心地	文化遺産	1999
英国(グレートブリテン及び北アイルランド連合王国)	河港都市グリニッジ	文化遺産	1997
英国(グレートブリテン及び北アイルランド連合王国)	ゴフ島及びインアクセシブル島	自然遺産	1995、2004
英国(グレートブリテン及び北アイルランド連合王国)	エディンバラの旧市街と新市街	文化遺産	1995
英国(グレートブリテン及び北アイルランド連合王国)	ヘンダーソン島	自然遺産	1988
英国(グレートブリテン及び北アイルランド連合王国)	ロンドン塔	文化遺産	1988
英国(グレートブリテン及び北アイルランド連合王国)	カンタベリー大聖堂、聖オーガスティン大修道院及び聖マーティン教会	文化遺産	1988
エストニア共和国	シュトゥルーヴェの三角点アーチ観測地点群	文化遺産	2005
エストニア共和国	タリン歴史地区(旧市街)	文化遺産	1997
オーストリア共和国	アルプス山系の先史時代杭上住居跡群	文化遺産	2011
オーストリア共和国	カルパチア山脈とヨーロッパ地域の古代及び原生ブナ林	自然遺産	2007、2011、2017
オーストリア共和国	ウィーン歴史地区	文化遺産	2001
オーストリア共和国	フェルテー湖/ノイジードラー湖の文化的景観	文化遺産	2001
オーストリア共和国	ヴァッハウ渓谷の文化的景観	文化遺産	2000
オーストリア共和国	グラーツ市歴史地区とエッゲンベルグ城	文化遺産	1999、2010
オーストリア共和国	ゼメリング鉄道	文化遺産	1998
オーストリア共和国	ザルツブルク市街の歴史地区	文化遺産	1996
オーストリア共和国	シェーンブルン宮殿と庭園群	文化遺産	1996
オランダ王国	ファンネレ工場	文化遺産	2014
オランダ王国	アムステルダムのシンゲル運河内の17世紀の環状運河地区	文化遺産	2010
オランダ王国	ワッデン海	自然遺産	2009、2014
オランダ王国	リートフェルト設計のシュレーテル邸	文化遺産	2000
オランダ王国	ドゥローフマーケライ・デ・ベームステル(ベームステル干拓地)	文化遺産	1999
オランダ王国	Ir.D.F.ヴァウダヘマール(D.F.ヴァウダ蒸気水揚げポンプ場)	文化遺産	1998
オランダ王国	キンデルダイク-エルスハウトの風車群	文化遺産	1997
オランダ王国	港町ヴィレムスタット歴史地域、キュラソー島	文化遺産	1997
オランダ王国	アムステルダムのディフェンス・ライン	文化遺産	1996
オランダ王国	スホクラントとその周辺	文化遺産	1995
キプロス共和国	キロキティア	文化遺産	1998
ギリシャ共和国	フィリピの古代遺跡	文化遺産	2016
ギリシャ共和国	コルフ旧市街	文化遺産	2007
ギリシャ共和国	ミケーネとティリンスの古代遺跡群	文化遺産	1999
ギリシャ共和国	パトモス島の"神学者"聖ヨハネ修道院と黙示録の洞窟の歴史地区(コーラ)	文化遺産	1999
ギリシャ共和国	エゲの古代遺跡(現在名ヴェルギナ)	文化遺産	1996
ギリシャ共和国	サモス島のピュタゴリオンとヘラ神殿	文化遺産	1992
ギリシャ共和国	デロス島	文化遺産	1990
ギリシャ共和国	ダフニ修道院群、オシオス・ルカス修道院群及びヒオス島のネア・モニ修道院群	文化遺産	1990
ギリシャ共和国	ミストラ遺跡	文化遺産	1989
ギリシャ共和国	アトス山	複合遺産	1988
ギリシャ共和国	テッサロニーキの初期キリスト教とビザンチン様式の建造物群	文化遺産	1988
ギリシャ共和国	アスクレピオスの聖地エピダウロス	文化遺産	1988
ギリシャ共和国	ロードス島の中世都市	文化遺産	1988
クロアチア共和国	16-17世紀ヴェネツィア共和国の軍事防衛施設群:スタート・ダ・テッラー西部スタート・ダ・マーレ	文化遺産	2017
クロアチア共和国	中世墓碑ステチュツィの墓所群	文化遺産	2016
クロアチア共和国	スタリー・グラード平原	文化遺産	2008
クロアチア共和国	カルパチア山脈とヨーロッパ地域の古代及び原生ブナ林	自然遺産	2007、2011、2017
クロアチア共和国	シベニクの聖ヤコブ大聖堂	文化遺産	2000
クロアチア共和国	ポレッチ歴史地区のエウフラシウス聖堂建築群	文化遺産	1997
クロアチア共和国	古都トロギール	文化遺産	1997
サンマリノ共和国	サンマリノ歴史地区とティターノ山	文化遺産	2008
ジョージア	アッパー・スヴァネティ	文化遺産	1996
ジョージア	ムツヘタの文化財群	文化遺産	1994
ジョージア	ゲラティ修道院	文化遺産	1994、2017
スイス連邦	ル・コルビュジエの建築作品-近代建築運動への顕著な貢献-	文化遺産	2016
スイス連邦	アルプス山系の先史時代杭上住居跡群	文化遺産	2011

国名	遺産名称	遺産種別	登録年
スイス連邦	ラ・ショー-ド-フォン/ル・ロクル、時計製造の町	文化遺産	2009
スイス連邦	スイスのサルドーナ地殻変動地帯	自然遺産	2008
スイス連邦	ラヴォー地区の葡萄畑	文化遺産	2007
スイス連邦	サン・ジョルジオ山	自然遺産	2003、2010
スイス連邦	スイス・アルプス ユングフラウ-アレッチュ	自然遺産	2001、2007
スイス連邦	ベリンツォーナ旧市街にある3つの城、要塞及び城壁	文化遺産	2000
スウェーデン王国	ヘルシングランドの装飾農場家屋群	文化遺産	2012
スウェーデン王国	シュトゥルーヴェの三角点アーチ観測地点群	文化遺産	2005
スウェーデン王国	グリメトン・ラジオ無線局、ヴァールベリ	文化遺産	2004
スウェーデン王国	ファールンの大銅山地域	文化遺産	2001
スウェーデン王国	ハイ・コースト/クヴァルケン群島	自然遺産	2000、2006
スウェーデン王国	エーランド島南部の農業景観	文化遺産	2000
スウェーデン王国	カールスクローナの軍港	文化遺産	1998
スウェーデン王国	ラポニアン・エリア	複合遺産	1996
スウェーデン王国	ルーレオーのガンメルスタードの教会街	文化遺産	1996
スウェーデン王国	ハンザ同盟都市ヴィスビュー	文化遺産	1995
スウェーデン王国	タヌムの線刻画群	文化遺産	1994
スウェーデン王国	スクーグシュルコゴーデン	文化遺産	1994
スウェーデン王国	ビルカとホーヴゴーデン	文化遺産	1993
スウェーデン王国	エンゲルスベリの製鉄所	文化遺産	1993
スウェーデン王国	ドロットニングホルムの王領地	文化遺産	1991
スペイン	ザフラー旧市街のカリフの都	文化遺産	2018
スペイン	アンテケラのドルメン遺跡	文化遺産	2016
スペイン	水銀関連遺産:アルマデンとイドリア	文化遺産	2012
スペイン	トラムンタナ山脈の文化的景観	文化遺産	2011
スペイン	ヘラクレスの塔	文化遺産	2009
スペイン	カルパチア山脈とヨーロッパ地域の古代及び原生ブナ林	自然遺産	2007、2011、2017
スペイン	テイデ国立公園	自然遺産	2007
スペイン	ウベダとバエーサのルネサンス様式の記念碑的建造物群	文化遺産	2003
スペイン	アランフェスの文化的景観	文化遺産	2001
スペイン	タラゴーナの遺跡群	文化遺産	2000
スペイン	エルチェの椰子園	文化遺産	2000
スペイン	ルーゴのローマの城壁群	文化遺産	2000
スペイン	ボイ渓谷のカタルーニャ風ロマネスク様式教会群	文化遺産	2000
スペイン	アタプエルカの古代遺跡	文化遺産	2000
スペイン	イビサ、生物多様性と文化	複合遺産	1999
スペイン	サン・クリストバル・デ・ラ・ラグナ	文化遺産	1999
スペイン	コア渓谷とシエガ・ヴェルデの先史時代のロックアート遺跡群	文化遺産	1998、2010
スペイン	イベリア半島の地中海入り江のロック・アート	文化遺産	1998
スペイン	アルカラ・デ・エナレスの大学と歴史地区	文化遺産	1998
スペイン	ピレネー山脈-ペルデュ山	複合遺産	1997、1999
スペイン	ラス・メドゥラス	文化遺産	1997
スペイン	バルセロナのカタルーニャ音楽堂とサン・パウ病院	文化遺産	1997
スペイン	サン・ミジャン・ユソとサン・ミジャン・スソの修道院群	文化遺産	1997
スペイン	歴史的城壁都市クエンカ	文化遺産	1996
スペイン	バレンシアのラ・ロンハ・デ・ラ・セダ	文化遺産	1996
スペイン	ドニャーナ国立公園	自然遺産	1994、2005
スペイン	サンティアゴ・デ・コンポステーラの巡礼路:カミーノ・フランセスとスペイン北部の巡礼路群	文化遺産	1993、2015
スペイン	メリダの遺跡群	文化遺産	1993
スペイン	サンタ・マリア・デ・グアダルーペ王立修道院	文化遺産	1993
スペイン	ポブレー修道院	文化遺産	1991
スペイン	サラマンカ旧市街	文化遺産	1988
スロバキア共和国	カルパチア山地のスロバキア地域の木造教会群	文化遺産	2008
スロバキア共和国	カルパチア山脈とヨーロッパ地域の古代及び原生ブナ林	自然遺産	2007、2011、2017
スロバキア共和国	バルデヨフ市街保護区	文化遺産	2000
スロバキア共和国	アグテレック・カルストとスロバキア・カルストの洞窟群	自然遺産	1995、2000
スロバキア共和国	レヴォチャ歴史地区、スピシュスキー城及びその関連する文化財	文化遺産	1993、2009
スロバキア共和国	バンスカー・シュティアヴニツァ歴史都市と近隣の工業建築物群	文化遺産	1993
スロバキア共和国	ヴルコリニェツ	文化遺産	1993
スロベニア共和国	水銀関連遺産:アルマデンとイドリア	文化遺産	2012
スロベニア共和国	アルプス山系の先史時代杭上住居跡群	文化遺産	2011
スロベニア共和国	カルパチア山脈とヨーロッパ地域の古代及び原生ブナ林	自然遺産	2007、2011、2017
セルビア共和国	中世墓碑ステチュツィの墓所群	文化遺産	2016
セルビア共和国	ガムジグラード-ロムリアーナ、ガレリウスの宮殿	文化遺産	2007
セルビア共和国	コソヴォの中世建造物群	文化遺産	2004、2006
チェコ共和国	トジェビーチのユダヤ人街とプロコピウス聖堂	文化遺産	2003
チェコ共和国	ブルノのツゲンドハット邸	文化遺産	2001
チェコ共和国	オロモウツの聖三位一体柱	文化遺産	2000

国名	遺産名称	遺産種別	登録年
チェコ共和国	リトミシュル城	文化遺産	1999
チェコ共和国	クロミェルジーシュの庭園群と城	文化遺産	1998
チェコ共和国	ホラショヴィツェの歴史地区	文化遺産	1998
チェコ共和国	レドニツェ-ヴァルティツェの文化的景観	文化遺産	1996
チェコ共和国	クトナー・ホラ:聖バルバラ教会とセドレツの聖母マリア大聖堂のある歴史都市	文化遺産	1995
チェコ共和国	ゼレナー・ホラのネポムークの聖ヨハネ巡礼教会	文化遺産	1994
チェコ共和国	チェスキー・クルムロフ歴史地区	文化遺産	1992
チェコ共和国	テルチ歴史地区	文化遺産	1992
デンマーク王国	アシヴィスイットーニピサット、氷と海の間に広がるイヌイットの狩猟場	文化遺産	2018
デンマーク王国	グリーンランドのグヤダー:氷冠縁辺部における古代スカンジナビア人とイヌイットの農業景観	文化遺産	2017
デンマーク王国	モラヴィア教会の入植地 クリスチャンフェルド	文化遺産	2015
デンマーク王国	シェラン島北部のパル・フォルス狩猟景観	文化遺産	2015
デンマーク王国	スティーブンス・クリント	自然遺産	2014
デンマーク王国	ワッデン海	自然遺産	2009、2014
デンマーク王国	イルリサット・アイスフィヨルド	自然遺産	2004
デンマーク王国	クロンボー城	文化遺産	2000
デンマーク王国	ロスキレ大聖堂	文化遺産	1995
デンマーク王国	イェリング墳墓群、ルーン文字石碑群と教会	文化遺産	1994
ドイツ連邦共和国	ヘーゼビューとダーネヴィアケの考古学的国境遺産群	文化遺産	2018
ドイツ連邦共和国	ナウムブルク大聖堂	文化遺産	2018
ドイツ連邦共和国	シュヴェービッシュ・ユラの洞窟群と氷河期の芸術	文化遺産	2017
ドイツ連邦共和国	ル・コルビュジエの建築作品-近代建築運動への顕著な貢献-	文化遺産	2016
ドイツ連邦共和国	ハンブルクの倉庫街とチリハウスを含む商館街	文化遺産	2015
ドイツ連邦共和国	コルヴァイのカロリング朝ヴェストヴェルクとキウィタス	文化遺産	2014
ドイツ連邦共和国	ヴィルヘルムスヘーエ城公園	文化遺産	2013
ドイツ連邦共和国	バイロイト辺境伯のオペラハウス	文化遺産	2012
ドイツ連邦共和国	アルフェルトのファグス工場	文化遺産	2011
ドイツ連邦共和国	アルプス山系の先史時代杭上住居跡群	文化遺産	2011
ドイツ連邦共和国	ワッデン海	自然遺産	2009、2014
ドイツ連邦共和国	ベルリンの近代集合住宅群	文化遺産	2008
ドイツ連邦共和国	カルパチア山脈とヨーロッパ地域の古代及び原生ブナ林	自然遺産	2007、2011、2017
ドイツ連邦共和国	レーゲンスブルクの旧市街とシュタットアムホーフ	文化遺産	2006
ドイツ連邦共和国	ブレーメンのマルクト広場の市庁舎とローラント像	文化遺産	2004
ドイツ連邦共和国	ムスカウアー公園/ムジャコフスキ公園	文化遺産	2004
ドイツ連邦共和国	ライン渓谷中流上部	文化遺産	2002
ドイツ連邦共和国	シュトラールズント及びヴィスマルの歴史地区	文化遺産	2002
ドイツ連邦共和国	エッセンのツォルフェライン炭坑業遺産群	文化遺産	2001
ドイツ連邦共和国	デッサウ・ヴェルリッツの庭園王国	文化遺産	2000
ドイツ連邦共和国	僧院の島ライヒェナウ	文化遺産	2000
ドイツ連邦共和国	ベルリンのムゼウムスインゼル(博物館島)	文化遺産	1999
ドイツ連邦共和国	ヴァルトブルク城	文化遺産	1999
ドイツ連邦共和国	古典主義の都ヴァイマール	文化遺産	1998
ドイツ連邦共和国	ワイマール、デッサウ及びベルナウのバウハウスとその関連遺産群	文化遺産	1996、2017
ドイツ連邦共和国	アイスレーベンとヴィッテンベルクにあるルターの記念建造物群	文化遺産	1996
ドイツ連邦共和国	メッセル・ピットの化石地域	自然遺産	1995
ドイツ連邦共和国	クヴェートリンブルクの聖堂参事会教会、城と旧市街	文化遺産	1994
ドイツ連邦共和国	フェルクリンゲン製鉄所	文化遺産	1994
ドイツ連邦共和国	バンベルクの町	文化遺産	1993
ドイツ連邦共和国	マウルブロンの修道院群	文化遺産	1993
ドイツ連邦共和国	ランメルスベルク鉱山と古都ゴスラーとオーバーハルツ水利管理システム	文化遺産	1992、2010
ドイツ連邦共和国	ロルシュの王立修道院とアルテンミュンスター	文化遺産	1991
ドイツ連邦共和国	ポツダムとベルリンの宮殿群と公園群	文化遺産	1990、1992、1999
トルコ共和国	ギョベクリ・テペ	文化遺産	2018
トルコ共和国	アフロディシアス	文化遺産	2017
トルコ共和国	アニの古代遺跡	文化遺産	2016
トルコ共和国	ディヤルバクル城塞とエヴセル庭園の文化的景観	文化遺産	2015
トルコ共和国	エフェソス	文化遺産	2015
トルコ共和国	ブルサとジュマルクズック:オスマン帝国発祥の地	文化遺産	2014
トルコ共和国	ペルガモンとその重層的な文化的景観	文化遺産	2014
トルコ共和国	チャタルホユックの新石器時代遺跡	文化遺産	2012
トルコ共和国	セリミエ・モスクと複合施設群	文化遺産	2011
トルコ共和国	トロイの古代遺跡	文化遺産	1998
トルコ共和国	サフランボル市街	文化遺産	1994
トルコ共和国	クサントス-レトーン	文化遺産	1988
トルコ共和国	ヒエラポリス-パムッカレ	複合遺産	1988
ノルウェー王国	リューカンとノトデンの産業遺産群	文化遺産	2015
ノルウェー王国	西ノルウェーフィヨルド群-ガイランゲルフィヨルドとネーロイフィヨルド	自然遺産	2005
ノルウェー王国	シュトゥルーヴェの三角点アーチ観測地点群	文化遺産	2005
ノルウェー王国	ヴェガオヤン-ヴェガ群島	文化遺産	2004
ハンガリー	トカイワイン産地の歴史的文化的景観	文化遺産	2002
ハンガリー	フェルテー湖/ノイジードラー湖の文化的景観	文化遺産	2001
ハンガリー	ペーチ(ソピアネ)にある初期キリスト教墓地遺跡	文化遺産	2000
ハンガリー	ホルトバージ国立公園-プッツァ	文化遺産	1999

国名	遺産名称	遺産種別	登録年
ハンガリー	パンノンハルマのベネディクト会修道院とその自然環境	文化遺産	1996
ハンガリー	アグテレック・カルストとスロバキア・カルストの洞窟群	自然遺産	1995、2000
フィンランド共和国	シュトゥルーヴェの三角点アーチ観測地点群	文化遺産	2005
フィンランド共和国	ハイ・コースト/クヴァルケン群島	自然遺産	2000、2006
フィンランド共和国	サンマルラハデンマキの青銅器時代の石塚墳	文化遺産	1999
フィンランド共和国	ヴェルラ砕木・板紙工場	文化遺産	1996
フィンランド共和国	ペタヤヴェシの古い教会	文化遺産	1994
フィンランド共和国	ラウマ旧市街	文化遺産	1991
フィンランド共和国	スオメンリンナの要塞群	文化遺産	1991
フランス共和国	シェヌ・デ・ピュイ-リマーニュ盆地の地殻変動地帯	自然遺産	2018
フランス共和国	タプタプアテア	文化遺産	2017
フランス共和国	ル・コルビュジエの建築作品-近代建築運動への顕著な貢献-	文化遺産	2016
フランス共和国	シャンパーニュの丘陵、メゾンとカーヴ	文化遺産	2015
フランス共和国	ブルゴーニュのブドウ畑のクリマ	文化遺産	2015
フランス共和国	アルデッシュ ショーヴェ・ポンダルク洞窟壁画	文化遺産	2014
フランス共和国	ノール=パ・デュ・カレー地方の炭田地帯	文化遺産	2012
フランス共和国	アルプス山系の先史時代杭上住居跡群	文化遺産	2011
フランス共和国	コースとセヴェンヌの地中海性農牧地の文化的景観	文化遺産	2011
フランス共和国	アルビ司教都市	文化遺産	2010
フランス共和国	レユニオン島の火山峰、圏谷と岩壁群	自然遺産	2010
フランス共和国	ニューカレドニアのラグーン:リーフの多様性とその生態系	自然遺産	2008
フランス共和国	ヴォーバンの要塞群	文化遺産	2008
フランス共和国	ボルドー、リューヌ港	文化遺産	2007
フランス共和国	ル・アーヴル、オーギュスト・ペレによる再建都市	文化遺産	2005
フランス共和国	中世市場都市プロヴァン	文化遺産	2001
フランス共和国	シュリー-シュル-ロワールとシャロンヌ間のロワール渓谷	文化遺産	2000
フランス共和国	ベルギーとフランスの鐘楼群	文化遺産	1999、2005
フランス共和国	サン-テミリオン地域	文化遺産	1999
フランス共和国	フランスのサンティアゴ・デ・コンポステーラの巡礼路	文化遺産	1998
フランス共和国	リヨン歴史地区	文化遺産	1998
フランス共和国	ピレネー山脈-ペルデュ山	複合遺産	1997、1999
フランス共和国	歴史的城塞都市カルカッソンヌ	文化遺産	1997
フランス共和国	ミディ運河	文化遺産	1996
フランス共和国	アヴィニョン歴史地区:法王庁宮殿、司教関連建造物群及びアヴィニョン橋	文化遺産	1995
フランス共和国	ブールジュ大聖堂	文化遺産	1992
フランス共和国	パリのセーヌ河岸	文化遺産	1991
フランス共和国	ランスのノートル-ダム大聖堂、サン-レミ旧大修道院及びト宮殿	文化遺産	1991
フランス共和国	ストラスブールのグラン・ディルとノイシュタット	文化遺産	1988、2017
ブルガリア共和国	カルパチア山脈とヨーロッパ地域の古代及び原生ブナ林	自然遺産	2007、2011、2017
ベラルーシ共和国	ネースヴィジのラジヴィール家の建築、住居、文化的複合体	文化遺産	2005
ベラルーシ共和国	シュトゥルーヴェの三角点アーチ観測地点群	文化遺産	2005
ベラルーシ共和国	ミール地方の城と関連建物群	文化遺産	2000
ベルギー王国	ル・コルビュジエの建築作品-近代建築運動への顕著な貢献-	文化遺産	2016
ベルギー王国	ワロン地方の主要な鉱山遺跡群	文化遺産	2012
ベルギー王国	ストックレー邸	文化遺産	2009
ベルギー王国	カルパチア山脈とヨーロッパ地域の古代及び原生ブナ林	自然遺産	2007、2011、2017
ベルギー王国	プランタン-モレトゥスの家屋-工房-博物館複合体	文化遺産	2005
ベルギー王国	ブリュージュ歴史地区	文化遺産	2000
ベルギー王国	建築家ヴィクトール・オルタによる主な邸宅群(ブリュッセル)	文化遺産	2000
ベルギー王国	スピエンヌの新石器時代の火打石の鉱山発掘地(モンス)	文化遺産	2000
ベルギー王国	トゥルネーのノートル-ダム大聖堂	文化遺産	2000
ベルギー王国	ベルギーとフランスの鐘楼群	文化遺産	1999、2005
ベルギー王国	フランドル地方のベギン会修道院	文化遺産	1998
ベルギー王国	中央運河にかかる4機の水力式リフトとその周辺のラ・ルヴィエール及びル・ルー(エノー)	文化遺産	1998
ベルギー王国	ブリュッセルのグラン-プラス	文化遺産	1998
ポーランド共和国	タルノフスキェ・グリの鉛・銀・亜鉛鉱山とその地下水管理システム	文化遺産	2017
ポーランド共和国	ポーランド、ウクライナのカルパチア地方の木造教会	文化遺産	2013
ポーランド共和国	ヴロツワフの百周年記念ホール	文化遺産	2006
ポーランド共和国	ムスカウアー公園/ムジャコフスキ公園	文化遺産	2004
ポーランド共和国	マーウォポルスカ南部の木造教会群	文化遺産	2003
ポーランド共和国	ヤヴォルとシフィドニツァの平和教会群	文化遺産	2001
ポーランド共和国	カルヴァリア・ゼブジドフスカ:マニエリスム様式の建築と公園の景観複合体と巡礼公園	文化遺産	1999
ポーランド共和国	中世都市トルニ	文化遺産	1997
ポーランド共和国	マルボルクのドイツ騎士団の城	文化遺産	1997
ポーランド共和国	ザモシチ旧市街	文化遺産	1992
ボスニア・ヘルツェゴビナ	中世墓碑ステチュツィの墓所群	文化遺産	2016
ボスニア・ヘルツェゴビナ	ヴィシェグラードのメフメド・パシャ・ソコロヴィッチ橋	文化遺産	2007
ボスニア・ヘルツェゴビナ	モスタル旧市街の古橋地区	文化遺産	2005
ポルトガル共和国	コインブラ大学—アルタとソフィア	文化遺産	2013
ポルトガル共和国	国境防備の町エルヴァスとその要塞群	文化遺産	2012

国名	遺産名称	遺産種別	登録年
ポルトガル共和国	ピーコ島のブドウ園文化の景観	文化遺産	2004
ポルトガル共和国	ギマランイス歴史地区	文化遺産	2001
ポルトガル共和国	アルト・ドウロ・ワイン生産地域	文化遺産	2001
ポルトガル共和国	マデイラ諸島のラウリシルヴァ	自然遺産	1999
ポルトガル共和国	コア渓谷とシエガ・ヴェルデの先史時代のロックアート遺跡群	文化遺産	1998、2010
ポルトガル共和国	ポルト歴史地区、ルイス1世橋およびセラ・ド・ピラール修道院	文化遺産	1996
ポルトガル共和国	シントラの文化的景観	文化遺産	1995
ポルトガル共和国	アルコバッサの修道院	文化遺産	1989
モルドバ共和国	シュトゥルーヴェの三角点アーチ観測地点群	文化遺産	2005
モンテネグロ	16-17世紀ヴェネツィア共和国の軍事防衛施設群:スタート・ダ・テッラー西部スタート・ダ・マーレ	文化遺産	2017
モンテネグロ	中世墓碑ステチュツィの墓所群	文化遺産	2016
ラトビア共和国	シュトゥルーヴェの三角点アーチ観測地点群	文化遺産	2005
ラトビア共和国	リガ歴史地区	文化遺産	1997
リトアニア共和国	シュトゥルーヴェの三角点アーチ観測地点群	文化遺産	2005
リトアニア共和国	ケルナヴェ古代遺跡(ケルナヴェ文化保護区)	文化遺産	2004
リトアニア共和国	クルシュー砂州	文化遺産	2000
リトアニア共和国	ヴィルニュスの歴史地区	文化遺産	1994
ルーマニア	カルパチア山脈とヨーロッパ地域の古代及び原生ブナ林	自然遺産	2007、2011、2017
ルーマニア	シギショアラ歴史地区	文化遺産	1999
ルーマニア	マラムレシュ地方の木造教会群	文化遺産	1999
ルーマニア	オラシュチエ山脈のダキア人の要塞群	文化遺産	1999
ルーマニア	モルドヴィア地方の教会群	文化遺産	1993、2010
ルーマニア	トランシルヴァニア地方の要塞教会群のある集落	文化遺産	1993、1999
ルーマニア	ホレズ修道院	文化遺産	1993
ルーマニア	ドナウ・デルタ	自然遺産	1991
ルクセンブルク大公国	ルクセンブルク市:その古い街並みと要塞群	文化遺産	1994
ロシア	スヴィヤジツク島の聖母被昇天大聖堂と修道院	文化遺産	2017
ロシア	ダウリアの景観群	自然遺産	2017
ロシア	ブルガールの歴史的考古学的遺跡群	文化遺産	2014
ロシア	プトラナ高原	自然遺産	2010
ロシア	ヤロスラヴル市街の歴史地区	文化遺産	2005
ロシア	シュトゥルーヴェの三角点アーチ観測地点群	文化遺産	2005
ロシア	ランゲル島保護区の自然生態系	自然遺産	2004
ロシア	ノヴォデヴィチ女子修道院群	文化遺産	2004
ロシア	デルベントのシタデル、古代都市、要塞建築物群	文化遺産	2003
ロシア	オヴス・ヌール盆地	自然遺産	2003
ロシア	ビキン川渓谷	自然遺産	2001、2018
ロシア	カザン・クレムリンの歴史遺産群と建築物群	文化遺産	2000
ロシア	フェラポントフ修道院群	文化遺産	2000
ロシア	クルシュー砂州	文化遺産	2000
ロシア	西コーカサス山脈	自然遺産	1999
ロシア	アルタイのゴールデン・マウンテン	自然遺産	1998
ロシア	カムチャツカ火山群	自然遺産	1996、2001
ロシア	バイカル湖	自然遺産	1996
ロシア	コミ原生林	自然遺産	1995
ロシア	コローメンスコエの昇天教会	文化遺産	1994
ロシア	セルギエフ・ポサドのトロイツェ・セルギー大修道院の建造物群	文化遺産	1993
ロシア	ノヴゴロドの文化財とその周辺地区	文化遺産	1992
ロシア	ソロヴェツキー諸島の文化と歴史遺産群	文化遺産	1992
ロシア	ウラジーミルとスーズダリの白い建造物群	文化遺産	1992
ロシア	サンクト・ペテルブルグ歴史地区と関連建造物群	文化遺産	1990
ロシア	キジ島の木造教会	文化遺産	1990

アフリカ

国名	遺産名称	遺産種別	登録年
アルジェリア民主人民共和国	アルジェのカスバ	文化遺産	1992
アンゴラ共和国	ンバンザ・コンゴ、旧コンゴ王国の首都跡	文化遺産	2017
ウガンダ共和国	カスビのブガンダ王国歴代国王の墓	文化遺産	2001
ウガンダ共和国	ブウィンディ原生国立公園	自然遺産	1994
ウガンダ共和国	ルウェンゾリ山地国立公園	自然遺産	1994
エジプト・アラブ共和国	ワディ・エル-ヒータン(クジラの谷)	自然遺産	2005
エジプト・アラブ共和国	聖カトリーナ修道院地域	文化遺産	2002
エチオピア連邦民主共和国	コンソの文化的景観	文化遺産	2011
エチオピア連邦民主共和国	ハラール・ジャゴル要塞歴史都市	文化遺産	2006
エリトリア国	アスマラ:アフリカの近代主義都市	文化遺産	2017
カーボヴェルデ共和国	シダーデ・ヴェリヤ、リベイラ・グランデの歴史都市	文化遺産	2009
ガボン共和国	ロペ-オカンダの生態系と残存する文化的景観	複合遺産	2007
カメルーン共和国	サンガ川流域の3ヵ国保護地域	自然遺産	2012
ガンビア共和国	セネガンビアのストーン・サークル群	文化遺産	2006
ガンビア共和国	クンタ・キンテ島と関連遺跡群	文化遺産	2003
ケニア共和国	ティムリカ・オヒンガ考古遺跡	文化遺産	2018
ケニア共和国	モンバサのジーザス要塞	文化遺産	2011
ケニア共和国	ケニアグレート・リフト・バレーの湖群の生態系	自然遺産	2011
ケニア共和国	ミジケンダの聖なるカヤの森林	文化遺産	2008
ケニア共和国	ラム旧市街	文化遺産	2001
ケニア共和国	ケニア山国立公園/自然林	自然遺産	1997、2013
ケニア共和国	トゥルカナ湖国立公園群	自然遺産	1997、2001
コートジボワール共和国	グラン・バッサム歴史都市	文化遺産	2012
コンゴ共和国	サンガ川流域の3ヵ国保護地域	自然遺産	2012
コンゴ民主共和国	オカピ野生生物保護区	自然遺産	1996
ジンバブエ共和国	マトボの丘群	文化遺産	2003
スーダン共和国	サンガニブ海洋国立公園とドングナブ湾－ムカクル島海洋国立公園	自然遺産	2016
スーダン共和国	メロイ島の古代遺跡群	文化遺産	2011
スーダン共和国	ゲベル・バルカルとナパタ地域の遺跡群	文化遺産	2003
セネガル共和国	バサリ地方:バサリ族、フラ族、ベディック族の文化的景観	文化遺産	2012
セネガル共和国	サルーム・デルタ	文化遺産	2011
セネガル共和国	セネガンビアのストーン・サークル群	文化遺産	2006
セネガル共和国	サン-ルイ島	文化遺産	2000、2007
タンザニア連合共和国	コンドア・ロック-アート遺跡群	文化遺産	2006
タンザニア連合共和国	ザンジバル島のストーン・タウン	文化遺産	2000
チャド共和国	エネディ山地:自然および文化的景観	複合遺産	2016
チャド共和国	ウニアンガ湖沼群	自然遺産	2012
中央アフリカ共和国	サンガ川流域の3ヵ国保護地域	自然遺産	2012
中央アフリカ共和国	マノヴォ-グンダ・サン・フローリス国立公園	自然遺産	1988
チュニジア共和国	ドゥッガ/トゥッガ	文化遺産	1997
チュニジア共和国	スース旧市街	文化遺産	1988
チュニジア共和国	カイルアン	文化遺産	1988
トーゴ共和国	クタマク、バタマリバ人の土地	文化遺産	2004
ナイジェリア連邦共和国	オスン-オソボ聖林	文化遺産	2005
ナイジェリア連邦共和国	スクルの文化的景観	文化遺産	1999
ナミビア共和国	トゥウェイフルフォンテーン	文化遺産	2007
ニジェール共和国	アガデス歴史地区	文化遺産	2013
ニジェール共和国	W-アーリー-ペンジャリ保護地域群	自然遺産	1996、2017
ニジェール共和国	アイールとテネレの自然保護区群	自然遺産	1991
ブルキナファソ	ロロペニの遺跡	文化遺産	2009
ブルキナファソ	W-アーリー-ペンジャリ保護地域群	自然遺産	1996、2017
ベナン共和国	W-アーリー-ペンジャリ保護地域群	自然遺産	1996、2017
ボツワナ共和国	オカバンゴ・デルタ	自然遺産	2014
ボツワナ共和国	ツォディロ	文化遺産	2001
マダガスカル共和国	アツィナナナの雨林群	自然遺産	2007
マダガスカル共和国	アンブヒマンガの丘の王領地	文化遺産	2001
マラウイ共和国	チョンゴニ・ロック-アート地域	文化遺産	2006
マリ共和国	アスキア墳墓	文化遺産	2004
マリ共和国	バンディアガラの断崖(ドゴン人の地)	複合遺産	1989
マリ共和国	ジェンネ旧市街	文化遺産	1988
マリ共和国	トンブクトゥ	文化遺産	1988
南アフリカ共和国	バーバートン＝マコンジュワ山脈	自然遺産	2018
南アフリカ共和国	コマニの文化的景観	文化遺産	2017
南アフリカ共和国	リフタスフェルトの文化的及び植生景観	文化遺産	2007
南アフリカ共和国	フレーデフォート・ドーム	自然遺産	2005
南アフリカ共和国	ケープ植物区保護地域群	自然遺産	2004、2015
南アフリカ共和国	マプングブエの文化的景観	文化遺産	2003
南アフリカ共和国	マロティ-ドラケンスバーグ公園	複合遺産	2000、2013
南アフリカ共和国	南アフリカ人類化石遺跡群	文化遺産	1999、2005
南アフリカ共和国	イシマンガリソ湿地公園	自然遺産	1999
南アフリカ共和国	ロベン島	文化遺産	1999
モーリシャス共和国	ル・モーンの文化的景観	文化遺産	2008
モーリシャス共和国	アアプラヴァシ・ガート	文化遺産	2006
モーリタニア・イスラム共和国	ウワダン、シンゲッティ、ティシット及びウワラタの古い集落	文化遺産	1996
モーリタニア・イスラム共和国	バンダルギン国立公園	自然遺産	1989
モザンビーク共和国	モザンビーク島	文化遺産	1991
モロッコ王国	ラバト:近代都市と歴史的都市が共存する首都	文化遺産	2012
モロッコ王国	マサガン(アル・ジャジーダ)のポルトガル都市	文化遺産	2004
モロッコ王国	エッサウィラのメディナ(旧名モガドール)	文化遺産	2001
モロッコ王国	ヴォルビリスの古代遺跡	文化遺産	1997
モロッコ王国	テトゥアン旧市街(旧名ティタウィン)	文化遺産	1997
モロッコ王国	古都メクネス	文化遺産	1996
レソト王国	マロティ-ドラケンスバーグ公園	複合遺産	2000、2013

北中米

国名	遺産名称	遺産種別	登録年
アメリカ合衆国	サン・アントニオ伝道施設群	文化遺産	2015
アメリカ合衆国	ポヴァティ・ポイントの記念碑的土構造物群	文化遺産	2014
アメリカ合衆国	パパハナウモクアケア	複合遺産	2010
アメリカ合衆国	カールズバッド洞窟群国立公園	自然遺産	1995
アメリカ合衆国	ウォータートン・グレーシャー国際平和自然公園	自然遺産	1995
アメリカ合衆国	タオス・プエブロ	文化遺産	1992
アンティグア・バーブーダ	アンティグアの海軍造船所と関連考古遺跡群	文化遺産	2016

国名	遺産名称	遺産種別	登録年
エルサルバドル共和国	ホセ・デ・セレンの古代遺跡	文化遺産	1993
カナダ	ピマチオウィン・アキ	複合遺産	2018
カナダ	ミステイクン・ポイント	自然遺産	2016
カナダ	レッドベイのバスク人捕鯨基地	文化遺産	2013
カナダ	グラン・プレの景観	文化遺産	2012
カナダ	ジョギンズ化石断崖	自然遺産	2008
カナダ	リドー運河	文化遺産	2007
カナダ	ミグアシャ国立公園	自然遺産	1999
カナダ	ルーネンバーグ旧市街	文化遺産	1995
カナダ	ウォータートン・グレーシャー国際平和自然公園	自然遺産	1995
キューバ共和国	カマグェイの歴史地区	文化遺産	2008
キューバ共和国	シエンフエゴスの都市歴史地区	文化遺産	2005
キューバ共和国	アレハンドロ・デ・フンボルト国立公園	自然遺産	2001
キューバ共和国	キューバ南東部のコーヒー農園発祥地の景観	文化遺産	2000
キューバ共和国	ビニャーレス渓谷	文化遺産	1999
キューバ共和国	グランマ号上陸記念国立公園	自然遺産	1999
キューバ共和国	サンティアゴ・デ・クーバのサン・ペドロ・デ・ラ・ロカ城	文化遺産	1997
キューバ共和国	トリニダードとロス・インヘニオス渓谷	文化遺産	1988
コスタリカ共和国	ディキスの石球のある先コロンブス期首長制集落群	文化遺産	2014
コスタリカ共和国	グアナカステ保全地域	自然遺産	1999、2004
コスタリカ共和国	ココ島国立公園	自然遺産	1997、2002
ジャマイカ	ブルーマウンテン山脈とジョン・クロウ山地	複合遺産	2015
セントクリストファー・ネーヴィス	ブリムストーン・ヒル要塞国立公園	文化遺産	1999
セントルシア	ピトンズ・マネジメント・エリア	自然遺産	2004
ドミニカ国	モーン・トロワ・ピトンズ国立公園	自然遺産	1997
ニカラグア共和国	レオン大聖堂	文化遺産	2011
ニカラグア共和国	レオン・ビエホ遺跡群	文化遺産	2000
パナマ共和国	コイバ国立公園とその海洋保護特別地帯	自然遺産	2005
パナマ共和国	パナマ・ビエホ古代遺跡とパナマの歴史地区	文化遺産	1997、2003
バルバドス	ブリッジタウン歴史地区とその要塞	文化遺産	2011
メキシコ合衆国	テワカン=クイカトラン渓谷:メソアメリカの固有生息地	複合遺産	2018
メキシコ合衆国	レビジャヒヘド諸島	自然遺産	2016
メキシコ合衆国	テンブレーケ神父の水道橋水利施設	文化遺産	2015
メキシコ合衆国	ピナカテ火山とアルタル大砂漠生物圏保存地域	自然遺産	2013
メキシコ合衆国	ティエラアデントロの王の道	文化遺産	2010
メキシコ合衆国	オアハカ中部渓谷ヤグルとミトラの先史時代洞窟	文化遺産	2010
メキシコ合衆国	サン・ミゲルの要塞都市と ヘスス・デ・ナサレノ・デ・アトトニルコの聖地	文化遺産	2008
メキシコ合衆国	メキシコ国立自治大学(UNAM)の中央大学都市キャンパス	文化遺産	2007
メキシコ合衆国	リュウゼツラン景観と古代テキーラ産業施設群	文化遺産	2006
メキシコ合衆国	カリフォルニア湾の島々と保護地域群	自然遺産	2005
メキシコ合衆国	ルイス・バラガン邸と仕事場	文化遺産	2004
メキシコ合衆国	ケレタロのシエラ・ゴルダのフランシスコ修道会伝道施設群	文化遺産	2003
メキシコ合衆国	カンペチェ州カラクムルの古代マヤ都市と熱帯保護林	複合遺産	2002、2014
メキシコ合衆国	カンペチェ歴史的要塞都市	文化遺産	1999
メキシコ合衆国	ソチカルコの古代遺跡地帯	文化遺産	1999
メキシコ合衆国	パキメの遺跡、カサス・グランデス	文化遺産	1998
メキシコ合衆国	トラコタルパンの歴史遺跡地帯	文化遺産	1998
メキシコ合衆国	グアダラハラのオスピシオ・カバーニャス	文化遺産	1997
メキシコ合衆国	古代都市ウシュマル	文化遺産	1996
メキシコ合衆国	ケレタロの歴史史跡地区	文化遺産	1996
メキシコ合衆国	ポポカテペトル山腹の16世紀初頭の修道院群	文化遺産	1994
メキシコ合衆国	エル・ビスカイノのクジラ保護区	自然遺産	1993
メキシコ合衆国	サカテカス歴史地区	文化遺産	1993
メキシコ合衆国	サンフランシスコ山地の岩絵群	文化遺産	1993
メキシコ合衆国	古代都市エル・タヒン	文化遺産	1992
メキシコ合衆国	モレリア歴史地区	文化遺産	1991
メキシコ合衆国	古都グアナフアトとその銀鉱群	文化遺産	1988
メキシコ合衆国	古代都市チチェン-イッツァ	文化遺産	1988

南米

国名	遺産名称	遺産種別	登録年
アルゼンチン共和国	ロス・アレルセス国立公園	自然遺産	2017
アルゼンチン共和国	ル・コルビュジエの建築作品-近代建築運動への顕著な貢献-	文化遺産	2016
アルゼンチン共和国	カパック・ニャン アンデスの道	文化遺産	2014
アルゼンチン共和国	ケブラーダ・デ・ウマワーカ	文化遺産	2003
アルゼンチン共和国	イスチグアラスト/タランパジャ自然公園群	自然遺産	2000
アルゼンチン共和国	コルドバのイエズス会管区とエスタンシアス	文化遺産	2000
アルゼンチン共和国	バルデス半島	自然遺産	1999
ウルグアイ東方共和国	フライ・ベントスの産業景観	文化遺産	2015
ウルグアイ東方共和国	コロニア・デル・サクラメントの歴史的街並み	文化遺産	1995
エクアドル共和国	カパック・ニャン アンデスの道	文化遺産	2014
エクアドル共和国	サンタ・アナ・デ・ロス・リオス・クエンカの歴史地区	文化遺産	1999
コロンビア共和国	チリビケテ国立公園-ジャガーの生息地	複合遺産	2018
コロンビア共和国	カパック・ニャン アンデスの道	文化遺産	2014
コロンビア共和国	コロンビアのコーヒー産地の文化的景観	文化遺産	2011
コロンビア共和国	マルペロの動植物保護区	自然遺産	2006
コロンビア共和国	サンタ・クルーズ・デ・モンポスの歴史地区	文化遺産	1995
コロンビア共和国	ティエラデントロの国立遺跡公園	文化遺産	1995
コロンビア共和国	サン・アグスティン遺跡公園	文化遺産	1995
コロンビア共和国	ロス・カティオス国立公園	自然遺産	1994
スリナム共和国	パラマリボ市街歴史地区	文化遺産	2002
スリナム共和国	中央スリナム自然保護区	自然遺産	2000
チリ共和国	カパック・ニャン アンデスの道	文化遺産	2014
チリ共和国	シーウェル鉱山都市	文化遺産	2006
チリ共和国	ハンバーストーンとサンタ・ラウラ硝石工場群	文化遺産	2005
チリ共和国	バルパライーソの海港都市の歴史的街並み	文化遺産	2003
チリ共和国	チロエの教会群	文化遺産	2000
パラグアイ共和国	ラ・サンティシマ・トリニダード・デ・パラナと ヘスース・デ・タバランゲのイエズス会伝道施設群	文化遺産	1993
ブラジル連邦共和国	ヴァロンゴ埠頭考古遺跡	文化遺産	2017
ブラジル連邦共和国	パンプーリャ近代建築群	文化遺産	2016
ブラジル連邦共和国	リオデジャネイロ:山と海の間のカリオッカの景観	文化遺産	2012
ブラジル連邦共和国	サンクリストヴァンの町のサンフランシスコ広場	文化遺産	2010
ブラジル連邦共和国	ゴイアス歴史地区	文化遺産	2001
ブラジル連邦共和国	ブラジルの大西洋諸島:フェルナンド・デ・ノローニャと ロカス環礁保護区群	自然遺産	2001
ブラジル連邦共和国	セラード保護地域群:ヴェアデイロス平原国立公園と エマス国立公園	自然遺産	2001
ブラジル連邦共和国	パンタナル保全地域	自然遺産	2000
ブラジル連邦共和国	ディアマンティーナ歴史地区	文化遺産	1999
ブラジル連邦共和国	ディスカヴァリー・コースト大西洋岸森林保護区群	自然遺産	1999
ブラジル連邦共和国	サウス-イースト大西洋岸森林保護区群	自然遺産	1999
ブラジル連邦共和国	サン・ルイス歴史地区	文化遺産	1997
ブラジル連邦共和国	カピバラ山地国立公園	文化遺産	1991
ベネズエラ・ボリバル共和国	カラカスの大学都市	文化遺産	2000
ベネズエラ・ボリバル共和国	コロとその港	文化遺産	1993
ペルー共和国	カパック・ニャン アンデスの道	文化遺産	2014
ペルー共和国	聖地カラル-スーペ	文化遺産	2009
ペルー共和国	アレキーパ市歴史地区	文化遺産	2000
ペルー共和国	リオ・アビセオ国立公園	複合遺産	1990、1992
ペルー共和国	リマ歴史地区	文化遺産	1988、1991
ボリビア多民族国	カパック・ニャン アンデスの道	文化遺産	2014
ボリビア多民族国	ティワナク:ティワナク文化の宗教的・政治的中心地	文化遺産	2000
ボリビア多民族国	ノエル・ケンプ・メルカード国立公園	自然遺産	2000
ボリビア多民族国	サマイパタの砦	文化遺産	1998
ボリビア多民族国	古都スクレ	文化遺産	1991
ボリビア多民族国	チキトスのイエズス会伝道施設群	文化遺産	1990

オセアニア

国名	遺産名称	遺産種別	登録年
オーストラリア連邦	ニンガルー・コースト	自然遺産	2011
オーストラリア連邦	オーストラリア囚人遺跡群	文化遺産	2010
オーストラリア連邦	シドニー・オペラハウス	文化遺産	2007
オーストラリア連邦	王立展示館とカールトン庭園	文化遺産	2004
オーストラリア連邦	パーヌルル国立公園	自然遺産	2003
オーストラリア連邦	グレーター・ブルー・マウンテンズ地域	自然遺産	2000
オーストラリア連邦	ハード島とマクドナルド諸島	自然遺産	1997
オーストラリア連邦	マッコーリー島	自然遺産	1997
オーストラリア連邦	オーストラリアの哺乳類化石地域(リヴァーズレー/ナラコーテ)	自然遺産	1994
オーストラリア連邦	フレーザー島	自然遺産	1992
オーストラリア連邦	クインズランドの湿潤熱帯地域	自然遺産	1988
キリバス共和国	フェニックス諸島保護地域	自然遺産	2010
ソロモン諸島	東レンネル	自然遺産	1998
ニュージーランド	ニュージーランドの亜南極諸島	自然遺産	1998
ニュージーランド	トンガリロ国立公園	複合遺産	1990、1993
ニュージーランド	テ・ワヒポウナム-南西ニュージーランド	自然遺産	1990
バヌアツ共和国	首長ロイ・マタの地	文化遺産	2008
パプアニューギニア独立国	クックの初期農耕遺跡	文化遺産	2008
パラオ共和国	南ラグーンのロックアイランド群	複合遺産	2012
フィジー共和国	レブカ歴史的港町	文化遺産	2013
マーシャル諸島共和国	ビキニ環礁核実験場	文化遺産	2010
ミクロネシア連邦	ナン・マドール:東ミクロネシアの儀式の中心地	文化遺産	2016

さくいん

この図鑑に出てくる遺産や建造物の名前、また登場する人物名や、遺産にまつわる用語などを五十音順で掲載しています。

タ

ナ

ハ

マ

ヤ・ラ

[監修]
高木秀雄　早稲田大学 教育・総合科学学術院 教授
西谷 大　国立歴史民俗博物館 教授

[図版・キャラクター]
株式会社ダイアートプランニング／高橋拓真

[イラスト]
加藤愛一
24-25,68下,68-69,70下,70-71,71上,84下,84-85,85,130-131,131上・下,164,165
川崎悟司
17,20,73下,97,98,132,141中,171,172,175,177,178,180,185
成瀬京司
27上,30,44,44-45,54-55,55,57上,62,65,72-73,80-81,82-83,83,122,135,136,137,139,140-141,153
福永洋一
34-35,57下,58,59,60,61,66,67,108-109,109,147,151,152
藤井祐二
26-27
柳澤秀紀
33,51,113,183

[装丁]
城所 潤＋関口新平(ジュン・キドコロ・デザイン)

[本文デザイン]
新 裕介、天野広和(株式会社ダイアートプランニング)

[執筆協力]
香月孝史　28-33,38-39,52-55,100-105
月本由紀子　12-21,46-51,110-113
寺田喜美子　22-27,40-45,88-95
水野昌彦　56-63,68-79

[編集協力]
安延尚文(日本編)、栗栖美樹(世界編)

[編集]
佐藤 暁(アマナ／ネイチャー＆サイエンス)

[写真]
特別協力：アマナイメージズ

アフロ：96-97,151上左,161上,181中／尾園 暁：49上左・中,50-51,50左／関 勝則：16左・中・下右／浜田哲二：21上左・中左・下左／佐藤健寿：101下左／周 剣生：135上,150-151,155中左,172-173／PPS通信社：36左,54下右,63中右上,139右中,144中,147中,155下,160上,176,178,179上,186下右／湊 和雄：124,125上・中左下・下左／横塚眞己人：125下右

白神山地：青森県立郷土館,東北森林管理局,弘前市魅力ある観光地域づくり推進モデル事業協議会／平泉：中尊寺,毛越寺, 柳之御所資料館／富岡製糸場：岡谷蚕糸博物館,片倉工業株式会社,富岡市立美術博物館・福沢一郎記念美術館／国立西洋美術館：国立西洋美術館／富士山：京本孝司,静岡県立中央図書館歴史文化情報センター,仲賢,富士山本宮浅間大社,富士登山競走実行委員会,山梨県立博物館,立教大学図書館／小笠原諸島：東京大学地震研究所 渡邉篤志,山階鳥類研究所／合掌造り：桜香の湯／古都京都：高山寺,西芳寺,醍醐寺,天龍寺,東京国立博物館,東寺(教王護国寺),二条城,仁和寺,平等院,本願寺／法隆寺：飛鳥園,講談社,法隆寺,法起寺／古都奈良：飛鳥園,元興寺,興福寺,正倉院,唐招提寺,東大寺,奈良文化財研究所,薬師寺／紀伊山地の霊場：金剛峯寺,那智勝浦町観光協会,無量光院／姫路城：鳥取県立博物館／石見銀山：石見銀山資料館,大田市教育委員会,神戸市立博物館,DNPartcom,島根県立古代出雲歴史博物館,中村俊郎,毛利博物館／原爆ドーム：大下定雄,折免シゲコ,鋏谷信男,広島平和記念資料館／神宿る島 沖ノ島：福岡県人づくり・県民生活部文化振興課世界遺産室,宗像大社／明治の産業革命遺産：伊豆の国市教育委員会,江川文庫,Koji Kobayashi,三菱重工業株式会社／潜伏キリシタン遺産：神戸市立博物館,DNPartcom,西南学院大学博物館／琉球王国のグスク：一般財団法人沖縄美ら島財団,うるま市教育委員会,東京藝術大学保存修復日本画研究室／北海道・北東北の縄文文化：国立博物館所蔵品統合検索システム,函館市／飛鳥・藤原の宮都：奈良文化財研究所／ナスカの地上絵：山形大学ナスカ研究所

[DVD映像制作]
NHKエンタープライズ
大上祐司 (プロデューサー)
三宅由恵 (アシスタントプロデューサー)

[DVD映像制作協力]
東京映像株式会社
※DVDの映像は、NHKの既存の番組からの抜粋です。

講談社の動く図鑑 MOVE

世界遺産

2018年11月26日　第1刷発行
2022年6月20日　第7刷発行

監　修　高木秀雄　西谷 大
発行者　鈴木章一
発行所　株式会社講談社
〒112-8001　東京都文京区音羽2-12-21
電話　編集　03-5395-3542
販売　03-5395-3625
業務　03-5395-3615

KODANSHA

印　刷　共同印刷株式会社
製　本　大口製本印刷株式会社

ISBN978-4-06-513763-5　N.D.C.290 199p 27cm

グレート・ブルー・ホール
カリブ海にある、巨大なサンゴ礁でぐるっとかこまれた、ブルー・ホール。大自然のふしぎさと神秘的な美しさに感動します。▶P.180
どうして!? 頭蓋骨が……
“怪物の寝床”ともいわれてるらしい
ハルシュタットの教会墓地
オーストリアの世界遺産の町、ハルシュタットにある教会墓地。そこにはおどろきの習慣が。▶P.127
えっ!? がいっぱい
びっくり!!
世界遺産
カッパドキア
ここは、ふしぎな形の巨岩がならぶ場所です。岩は中がくりぬかれ、人がかくれ住んでいました。この地下には、さらに秘密がありそうです。▶P.140
この岩の下にもなにか秘密が!?